Marx, la mondialisation, le destin du capitalisme et l'Afrique

Benjamin DIOMAND AIKPA

MARX, LA MONDIALISATION, LE DESTIN DU CAPITALISME ET L'AFRIQUE

Edition revue et augmentée

Préface de Kouassi Yao Edmond

5-7, rue de l'École-Polytechnique ; 75005 Paris
http://www.editions-harmattan.fr

ISBN : 978-2-343-08590-6
EAN : 9782343085906

Préface

Marx, la mondialisation, le destin du capitalisme et l'Afrique prolonge certaines des réflexions ouvertes par M. DIOMAND dans le cadre de sa thèse de Doctorat soutenue en 2014 sous ma garantie scientifique. De toute évidence, Marx y tient la place de source théorique où trouve à s'abreuver, à nouveaux frais, l'auteur soucieux d'une critique, sans concession, de la techno-économie et de la mondialisation au profit de l'Afrique. Quelle Afrique ?

Il s'agit explicitement de l'Afrique du XXIème siècle qui cherche son chemin entre paix et guerre, étatisation et mondialisation, démocratisation et fascisation, anti-terrorisme et terrorisme, émergence industrielle et impératifs environnementaux, etc. L'auteur lui en propose un : la recherche technoscientifique pour promouvoir les technologies douces sur lesquelles devront reposer son économie et son développement, à côté de l'apport inestimable des humanités, seules susceptibles de questionner les politiques de développement et leurs incidences sociétales, précisément les modes de consommation et les perceptions concurrentielles du bonheur des uns et des autres largement tributaires du capitalisme, précisément de l'argent.

M. Diomand prend ainsi le parti décisif de penser avec Marx contre Marx. Il argumente in fine en faveur d'une Afrique capitaliste et le crépuscule qu'elle appelle, à savoir le post-capitalisme. « Je me tourne, à présent vers l'Afrique, écrit-il, aux dernières lignes de son ouvrage. Bien qu'il soit avéré qu'avec la mondialisation, une période de gestation d'un monde post-capitaliste est ouverte, rien ne m'autorise à prescrire aujourd'hui à l'Afrique le refus du capitalisme. Le faire, ce serait faire preuve d'une impardonnable malhonnêteté intellectuelle.

Le post-capitalisme suppose qu'on a adopté et développé jusqu'à sa pleine maturité le capitalisme qui sécrètera lui-même les conditions de son dépassement. On ne saute pas les étapes dans l'histoire des modes de production ».

Pr. Kouassi Yao Edmond.
Vice-président de l'Université Péléforo Gon Coulibaly de Korhogo, chargé de la pédagogique, de la vie universitaire, de la Recherche et de l'innovation technologique.

Introduction

Peut-on raser la barbe de Marx ? Pendant longtemps, on a, en Occident, tourné en dérision les théories critiques de Marx sur le capitalisme. A mesure que ce mode de production ressortait fortifié de ses crises, notamment pendant les Trente glorieuses, les détracteurs de Marx avouèrent que ses analyses et ses prédictions sur le système de production capitaliste avaient, sans aucun doute, passé fleur et qu'elles avaient commencé à pâlir. Même un ancien marxiste comme Karl Popper n'a pas hésité à retirer son crédit à Marx accusé d'avoir fait de fausses prédictions sur le cours de l'histoire et d'avoir « fait croire que la prophétie historique est une méthode scientifique permettant de traiter les problèmes sociaux. »[1]Ce renoncement à Marx était-il le prix à payer pour qu'il soit intégré à la société britannique où il s'était enfuit pour échapper à la fureur démentielle des nazis ou le fait d'un homme de science qui a fait sa mue sous le coup de la raison discursive? C'est une question à laquelle les poppériens doivent répondre.

Quand vint la chute de l'URSS, avec tous ses pays satellites formant le bloc de l'Est, doublée du raz de marée du capitalisme dans ces anciens bastions marxistes y compris en Chine, l'on a cru voir la barbe de Marx rasée définitivement, dans le sens où ses thèses seraient totalement balayées par l'histoire sociale et économique contemporaine.

Mais par un curieux revirement de l'histoire, la barbe de Marx a repoussé et même très fort. En effet, la résurgence des contradictions du capitalisme avec leur cortège de crises sociales de plus en plus difficilement

[1] Karl POPPER, *La société ouverte et ses ennemis*, tome 2, trad. par Jacqueline Bernard et Philippe Monod, Hegel et Marx, éd. Du Seuil, Paris, 1979, p. 60.

solubles, la théorie sociale fait appel à Marx. La relecture de ses thèses sur le procès de valorisation du capital est ainsi à nouveau au cœur des débats sur les dérives du capitalisme et la construction d'une société plus juste.

« **L'idée du communisme »,** c'était la question de cours posée le 13 mai 2009, à Birkbeck University de Londres, à l'élite de la pensée radicale : Jacques Rancière, Michael Hardt, Alain Badiou, Antonio Negri. »[2]

Les concepts clés de Marx : exploitation, aliénation, lutte des classes, redeviennent d'actualité pour des salariés victimes des licenciements massifs sans contrepartie.

« Dans un article du 13 mars 2009, le très libéral Financial Times, l'un des quotidiens économiques les plus prestigieux de la planète, recommande à ses lecteurs de lire Marx, car il est selon lui, l'un des meilleurs économistes de l'histoire. »[3]

Ce retour à Marx montre qu'il est impossible de penser la société moderne, en faisant fi des travaux de celui qui a été le premier à la théoriser et à lui donner le nom de société capitaliste. Il n'est certes pas question de soutenir que « tout est dans Marx »[4], mais en revenant à lui, on peut recevoir des éclairages sur « la logique de la formation sociale qui est la nôtre. »[5]

C'est dans cette perspective que j'ai pris langue avec lui pour analyser et comprendre la dynamique nouvelle du capital, qui porte le nom de mondialisation. Je suis convaincu qu'on ne peut pas mener des réflexions sur la mondialisation sans Marx, dans la mesure où il avait déjà engagé le débat sur la formation du marché mondial.

---

[2] GOLLINOU, *Karl Marx, la fin du purgatoire,* in Le point Marx, Juin, Juillet 2009, p. 6.

[3] *Id.*

[4] Franck FISCHBACH, *Relire Le Capital,* PUF, 2009, p. 10.

[5] Id.

En effet, Marx explique qu'en raison de la concurrence capitaliste et des crises subséquentes, le développement des rythmes technologiques s'accélère avec un développement global des forces productives qui conduit les capitalistes à opérer une reconfiguration constante des frontières à l'intérieur desquelles ils produisent et échangent leurs marchandises. De ce fait, le capital n'est pas appelé à fonctionner dans les confins d'un territoire et d'une population fixes. Il déborde toujours ses frontières d'origine pour conquérir de nouveaux espaces toujours plus larges. Ainsi, la société capitaliste est contrainte d'envahir toute la surface du globe à la recherche de nouveaux marchés : « Poussée par le besoin de débouchés toujours plus larges pour ses produits, écrivent Marx et Engels, la bourgeoisie envahit toute la surface du globe. Partout, elle doit s'incruster, partout il lui faut bâtir, partout elle établit des relations. »[6]

On note bien ici, chez Marx, que l'horizon du procès de valorisation du capital est la formation d'un marché mondial. Pour le dire autrement, la tendance à créer le marché mondial est directement donnée, dans le concept de capital lui-même. En effet, le capital n'est pas une substance matérielle, mais plutôt « un rapport social entre personnes, lequel rapport s'établit par l'intermédiaire des choses », et repose sur la loi sacro-sainte de l'accumulation continue.

En termes plus clairs, le capital se révèle comme valeur en procès, c'est-à-dire, la valeur qui est destinée à non seulement se conserver, mais encore à s'accroître en changeant sa grandeur dans le circuit économique. Cette propriété fondamentale du capital, fait que les limites à l'intérieur desquelles les capitalistes produisent et

---

[6] Karl MARX et Friedrich ENGELS, *Manifeste du Parti Communiste*, in Karl MARX, Œuvres I économie I, trad. Rubel (M), Paris, Gallimard, 1963, p. 165

échangent leurs marchandises leur apparaissent toujours comme des barrières à dépasser, à faire exploser pour valoriser leurs capitaux et les étendre.

Dans ces conditions, on peut dire que le capital, chez Marx, se valorise et se déploie par la négation continue des conditions temporelles et spatiales de sa reproduction. Cette négation continue des conditions de sa reproduction se traduit par la réduction du temps de production ainsi que de la « re-spatialisation, c'est-à-dire une réaffirmation ou une nouvelle position de l'espace qui prend la forme à la fois d'une extension et d'une unification du marché mondial ».[7]Il est bien clair ici que le concept de capital chez Marx appelle nécessairement l'idée de mondialisation. Chez lui, comme l'a bien observé Antonio Negri, « le marché mondial représente à tous les sens du terme, une section finale, c'est-à-dire que le marché mondial constitue (…) à la fois la condition et le résultat de tout. »[8]

Bref, la critique de la société capitaliste chez Marx recèle d'énormes richesses en termes d'outils d'analyse pour comprendre la mondialisation du capital. Cette présente étude, qui s'en inspire, interroge la généalogie et la signification profonde de la mondialisation en marche dans le monde. Également, elle met en lumière ses enjeux technologiques, économiques, sociaux et humains. Elle remet aussi au goût du jour, la problématique de l'avenir même du mode de production capitaliste et l'avènement d'une société post-capitaliste ; car on ne peut pas aborder l'étude de la société capitaliste chez Marx sans questionner la possibilité de la fin de la domination du

---

[7] Franck FISCHBACH, *Comment le capital capture le temps*, in Relire Le Capital, PUF, 2009, p. 103.

[8] Antonio NEGRI, *Marx au-delà de Marx, cahier de travail sur les « Grundrisse »,* trad. Roxane Silberman, Paris, l'Harmattan, 1996, p. 213

capital sur le monde et la formation d'un nouvel ordre social.

Ce sont donc toutes ces questions que la première partie de ce livre se propose de traiter.

Dans la seconde partie, nous dégageons, à partir des ressources théorico-pratiques de Marx portant sur le destin universel de la techno-économie capitaliste, une théorie de développement pour l'Afrique.

Première partie
La mondialisation, un phénomène immanent au concept de capital

Chapitre 1
Marx et la problématique De la généalogie de la mondialisation

En analysant hâtivement le procès de constitution de la mondialisation, l'on pourrait être tenté de dire que celle-ci est une transformation juridique du monde, se traduisant par les modifications à la fois, des relations internationales et des relations de pouvoir à l'intérieur même de chaque État-nation. Alors, on pourrait dire avec Michael Hardt et Antoine Negri ceci : « En termes constitutionnels, les processus de mondialisation ne sont plus simplement un fait, mais aussi une source de définitions juridiques tendant à projeter une configuration supranationale unique du pouvoir politique. »[9]L'accent sur les fondements politico-juridiques de la mondialisation est bien mis en relief ici : la mondialisation serait en quelque sorte « une nouvelle notion du droit, ou plutôt, une nouvelle inscription d'autorité et un projet nouveau de production des normes et des instruments légaux de coercition garantissant les contrats et résolvant les conflits. »[10]

Force serait donc, au droit et à la politique qui semblent fournir les indicateurs du procès de constitution de la mondialisation. Ainsi, le concept de mondialisation appelle-t-il des catégories politico-juridiques et des valeurs éthiques universelles qu'il fait fonctionner de concert comme un tout organique à travers un processus de contractualisation continuelle dans lesquels les États sont de plus en plus enrôlés. On pourrait de ce fait affirmer que la mondialisation est une dynamique d'intégration politico-juridique et éthique des États-nations visant à

---

[9] Michael HARDT et Antonio NEGRI, *Empire*, traduction de Dénis-Arnaud Canal, Paris, 10/18, 2000. p. 32

[10]*Id.*

donner des réponses efficaces aux conflits et aux crises qui secouent la planète. C'est ce que semblent souligner Hardt et Negri en ces termes : « Tous les conflits, toutes les crises et toutes les dissensions poussent en fait vers le processus d'intégration et appellent du même coup à un renforcement de l'autorité centrale. La paix, l'équilibre et la cessation des conflits sont les valeurs vers lesquelles tout est dirigé. »[11]

Mais cette généalogie qui ferait du droit, de la loi et donc du contractualisme international, les fondements du procès de constitution de la mondialisation, semblent buter sur ces propos de Marx et de Engels :

« Vraiment, il faut être dépourvu de toute connaissance historique pour ignorer que ce sont les souverains qui, de tout temps, ont subi les conditions économiques, (…). La légalisation tant politique qu'économique ne fait que prononcer, verbaliser le vouloir des rapports économiques. »[12]

Marx et Engels montrent bien dans ces propos que la généalogie de toute forme d'organisation sociale ou de tout acte politique ou juridique, est économique. Ainsi, tous les traités et toutes les lois qui forment l'architecture politico-juridique d'une société, ont leur fondement dans les rapports économiques. De ce fait, les fondements de la mondialisation des sociétés contemporaines relèvent de l'économie et non du droit ni de la volonté pure des politiques qui, du reste, subissent les contraintes des dynamiques économiques et s'y adaptent.

S'il en est ainsi, alors quelle forme de rapports économiques est-elle bien à l'origine de la mondialisation ? Tout naturellement, chez Marx, ce sont

---

[11]Michaël Hardt et Antonio Negri, *op. cit.,* p. 37.

[12]Karl MARX et Friedrich ENGELS, *Manifeste du Parti Communiste*, op. cit. p. 55.

les rapports économiques capitalistes qui sont à l'origine de la mondialisation.

Marx, en effet, analyse le système de production capitaliste comme un système de production voué à l'expansion continue. C'est un système qui repose sur la reconfiguration toujours renouvelée des frontières, des limites territoriales à l'intérieur desquelles les capitalistes produisent et échangent leurs biens. C'est ainsi que le capital a, par l'unification des marchés et des territoires provinciaux, créé les marchés nationaux et les États-nations au XVIIIe siècle pour les administrer en vue d'offrir à la production et aux échanges de biens des espaces homogènes et plus étendus.

Depuis la fin du XIXe siècle, il affiche sa propension à la création d'un marché mondial au sens fort du terme parce que les marchés nationaux qu'il avait créés se sont révélés exigus et inappropriés pour supporter le rythme, le flux croissant de la production et des échanges des biens et des services.

La formation de ce marché mondial capitaliste, chez Marx, a pour premier terme l'impérialisme. Pour le dire autrement, l'impérialisme est la première phase du procès de constitution du marché mondial. C'est pourquoi, nous allons dans un premier temps l'examiner chez Marx et dans un second temps, décrypter le procès de formation de la mondialisation du capital proprement dit.

1. A-La double capture du temps et de l'espace et la dynamique impérialiste du capital

On peut analyser le besoin congénital d'expansion du capital à partir de la théorie de la plus-value. Il est vrai que la théorie de la plus-value a été développée par Marx pour mettre en lumière « les douleurs d'enfantement de richesse »[13] capitaliste dont souffre la classe laborieuse sans contrepartie suffisante et juste. Mais cette théorie dévoile en même temps comment le capital est condamné à l'expansion continuelle. Nous pouvons lire ainsi dans Le Capital, la loi qui préside à la vie même du capital : « accumulez, accumulez ! C'est la loi et les prophètes ! [...] épargnez, épargnez toujours, c'est-à-dire retransformez sans cesse en capital la plus grande partie possible de la plus-value » ![14]

Le capital, en effet, est une valeur mère qui a besoin de nouvelles pousses, c'est-à-dire de la plus-value en vertu de laquelle elle s'accroît. Comme Marx le souligne, le capital « semble avoir acquis la propriété occulte d'enfanter de la valeur »,[15] parce qu'il « il est valeur de faire des petits ou du moins de pondre des œufs d'or ».[16]

En tant que valeur en procès destinée à toujours porter des bourgeons, c'est-à-dire produire de la plus-value, le capital exige la révolution permanente des conditions temporelles et spatiales de sa reproduction. Pour le dire en termes clairs, le temps et l'espace forment le corps de l'expansion capitaliste en termes de production et de circulation.

Mais qu'est-ce qui fait de l'être du capital une détermination temporelle ?

Lorsqu'on se réfère à l'étude que Marx fait de la cellule de base de la société capitaliste, c'est-à-dire la marchandise, on découvre, en effet, que la valorisation du capital, en tant que valeur en procès, tient de deux moments essentiels : le moment de la production et celui de la circulation. C'est dans le procès de production que la

---

[13] Karl MARX), *Le Capital,* in Karl MARX, Œuvres I économie I, trad. Rubel (M), Paris, Gallimard, 1963. p. 1099

[14] *Id.*

[15] *Ibid,* p. 70

[16] *Ibid.*

plus-value se produit à partir du temps de travail non payé au travailleur. Mais la valeur produite, dans le procès de production, est encore virtuelle ; il faut qu'elle passe par le procès de circulation pour se réaliser. Et le procès de circulation n'est rien d'autre que l'arrivée de la marchandise sur le marché et sa consommation. Il en résulte que le temps de circulation de la marchandise est très important pour l'ensemble du processus de valorisation du capital. D'où, il faut veiller à ce que ce temps soit le plus court possible. Mais comment peut-on réussir le raccourcissement du temps de circulation de la marchandise dans un contexte de concurrence capitaliste ? Marx répond que c'est par le jeu des prix sur le marché que les capitalistes chercheront à résoudre la question du raccourcissement du temps de circulation de la marchandise. C'est pourquoi la concurrence, comme « donnée historiquement limitée, spécifiquement développée dans la société bourgeoise et la spécifiant à son tour »[17], est d'abord commerciale.

Ainsi, contre Proudhon qui perçoit la concurrence comme une émulation industrielle entre bourgeois, Marx écrit que « la concurrence n'est pas une émulation industrielle, c'est l'émulation commerciale »[18].Ce qui gît au fond de la concurrence commerciale, c'est la réduction la plus possible à un minimum du temps de circulation des marchandises. Et cette réduction ne peut être possible, dans le contexte de la concurrence capitaliste, qu'avec la pratique du bas prix. De ce fait, la concurrence commerciale, qui caractérise les rapports économiques entre les capitalistes, se fait autour du bas prix pour rendre le temps de la circulation le plus bref possible. Ainsi « pour qu'un capitaliste puisse en battre un autre et

---

[17] Henri NADEL, *Marx et le salariat,* L'harmattan, Paris, 1994, p.49

[18] Karl MARX, *Misère de la philosophie,* in Karl MARX, Œuvres I économie I, trad. Rubel (M), Paris, Gallimard, 1963, p. 110.

s'emparer de son capital, il faut qu'il vende moins cher que lui »[19].

Mais comment un capitaliste pourra-t-il vendre moins cher sans se ruiner ? Marx répond que « Pour pouvoir vendre moins cher sans se ruiner, il faut qu'il produise à meilleur marché, c'est-à-dire qu'il augmente au maximum la productivité du travail. »[20]Augmenter au maximum la productivité du travail, c'est produire la même quantité de marchandises qu'auparavant en des temps deux, trois, ou quatre fois inférieurs. Il s'agit d'une gestion optimale du temps de production des marchandises qui se traduit par une révolution des moyens de production et de l'organisation du travail.

Marx est donc conscient que la concurrence capitaliste, bien qu'elle soit fondamentalement commerciale, ne se confine pas dans la sphère de la circulation. Elle se transporte nécessairement dans le procès de production, lieu où se produit la valeur dont la détermination monétaire prend le nom de prix. En clair, il reconnaît l'existence de l'émulation industrielle dans les rapports économiques entre les capitalistes ; seulement elle n'est que le support de la concurrence commerciale. « De nos jours, écrit-il, l'émulation industrielle n'existe qu'en vue de commerce. »[21]Et, comme elle n'existe que par et pour le commerce, la concurrence industrielle va se faire dans la perspective du bas prix. Le prix lui-même a pour unité de mesure le temps socialement nécessaire à la production. Sa réduction implique alors la réduction de ce temps socialement nécessaire à la production. De ce fait la concurrence industrielle, en tant que support de la concurrence commerciale, consiste dans la course à la

---

[19] Karl MARX, *Travail salarié et capital,* in Karl MARX, Œuvres I économie I, trad. Rubel (M), Paris, Gallimard, 1963, p. 222

[20] Id.

[21] Karl MARX, *Misère de la philosophie,* op. cit.,p. 110.

réduction du temps de production par la révolution continue des conditions temporelles de production.

Le mode de production capitaliste s'annonce ainsi comme une économie de temps, c'est-à-dire une économie dont la tendance est à la réduction continue du temps socialement nécessaire à la production. C'est pourquoi il fait de la révolution continue des moyens techniques de production une obsession. C'est par ce procès de révolution constante des conditions temporelles de production que le capital étend les limites de ses forces productives et poursuit son chemin de valorisation continue.

Mais si le capital ne peut se valoriser, dans les circonstances que lui impose la concurrence, qu'en modifiant constamment les conditions temporelles de production, force est de remarquer qu'il est aussi contraint de modifier son espace de circulation. Comme l'a souligné Franck Fischbach, « le lien entre le capital et le temps n'est pas ce qui saute immédiatement aux yeux ; on aperçoit en revanche beaucoup plus clairement le lien que le capital entretient avec l'espace. »[22]

En fait, si le capital ne peut se valoriser qu'en révolutionnant régulièrement les conditions temporelles de production, il est tout aussi impérieux qu'il modifie les limites spatiales de sa circulation, cette modification des limites spatiales s'entend à la fois par l'élargissement du territoire des marchés et la réduction à un minimum le temps mis pour aller des zones de production aux zones d'écoulement des produits.

Ainsi, « le capital tend (…) nécessairement à abattre toutes les barrières spatiales qui s'opposent au trafic, c'est-

[22] Franck FISCHBACH, *Comment le capital capture le temps*, in Relire Le Capital, PUF, 2009, p. 103.

à-dire, à l'échange, et à conquérir la terre entière comme son marché. »[23]En effet, comme l'indique Marx,

« Il a d'autant plus besoin de trouver des débouchés que sa production s'est accrue. À la vérité, les moyens de production plus puissants et plus coûteux qu'il a mis en branle lui permettent de vendre sa marchandise moins cher, mais ils le forcent également à vendre plus, à conquérir pour sa marchandise, un marché incomparablement plus étendu. »[24]

Or, quand un marché plus étendu est conquis par le capital, « la réaction de la concurrence annule une fois de plus les résultats obtenus ».[25] Il en résulte donc que le capital reprend le mouvement de modification des conditions temporelles de production ainsi que sa quête de nouveaux espaces pour l'écoulement de ses marchandises. Sans ces modifications, le capital est perdu.

Révolutionner sans cesse sa maîtrise du temps et de l'espace qui forment le corps de son progrès, de son expansion, telle est la destinée du capital. Chaque limite qu'il atteint, en termes de temps de production et d'espace de circulation pour produire et réaliser la plus-value, devient en raison de la concurrence capitaliste, des obstacles à supprimer, à éclater. Il s'agit d'imprimer « au temps, la marque de la rapidité des transferts et des transformations »[26]et de reculer les bornes de la circulation des marchandises.

Pour emprunter les expressions de Marx, on dira que: « Telle est la loi qui arrache constamment la production bourgeoise de son ornière et, parce qu'il les a une fois tendues, force le capital à tendre toujours plus, les forces

---

[23] Franck FISCHBACH, op. cit., p. 105

[24] Karl MARX, *Travail salarié et capital,* op. cit., p. 223

[25]*Id.*

[26] Antonio NEGRI, *op. cit.*, p. 206

productives du travail. La loi qui ne lui laisse point de trêve et qui l'obsède : marche ! Marche ! »[27]

Cette marche ininterrompue du capital, capturant systématiquement le temps et l'espace, dans le procès de sa valorisation, va produire la nécessité de conquérir de vastes territoires étrangers. L'impérialisme est ainsi né. En effet, la gestion hyper-optimale du temps de production et la poursuite effrénée de maximum d'espace à parcourir et à occuper pour les besoins de sa reproduction, ont conduit le capital à sortir de son berceau pour parcourir et occuper de nouveaux espaces.

Les mouvements impérialistes sont, pour ainsi dire, nés du procès de négation renouvelée du temps et de l'espace qui forment le corps d'expansion du capital. L'impérialisme se pose donc comme une réponse au besoin constant du capital de reconfigurer le temps de production et l'espace de circulation qui structurent et détermine son destin en tant que valeur en procès. De ce fait, les mouvements impérialistes n'émanent pas de la volonté de puissance des souverains, ils ne relèvent pas de la volonté pure des politiques, mais plutôt des rapports économiques capitalistes qui leur imposent la nécessité d'être impérialistes. Les actes politiques qui ont organisé et accompagné l'impérialisme ne faisaient que verbaliser ces rapports économiques capitalistes.

Mais le besoin du capital n'est pas seulement l'écoulement des marchandises, c'est aussi la recherche de matières premières. C'est ainsi que l'impérialisme se mue en colonisation. Par ce moyen, le capital s'annexe de vastes territoires nouveaux qu'il lotit et conditionne à la production de matières premières. C'est pourquoi Marx dit que la production capitaliste « nécessite l'émigration et par conséquent, la colonisation de contrées étrangères qui se

---

[27]Karl MARX, *Travail salarié et capital,* op. cit., p. 224

transforment en greniers de matières premières pour la mère patrie. »[28]

C'est en vertu de cette exigence du capital que « l'Inde a été contrainte de produire du coton, de la laine, du chanvre, de l'indigo, etc., pour la Grande-Bretagne » et « l'Australie est devenue un immense magasin de laine pour l'Angleterre. »[29] Et on pourrait ajouter le cas de l'Afrique. C'est en raison de la dynamique de reproduction du capital que le continent africain a été annexé par les puissances industrielles du XIXe siècle qui l'ont loti et partagé entre elles.

Par les mouvements impérialistes et colonialistes, le capital imprime au monde une nouvelle configuration fondée sur une nouvelle division internationale du travail. Comme le dit Marx, « une nouvelle division internationale du travail, imposée par les sièges principaux de la grande industrie, convertit de cette façon une partie du globe en champ de production agricole pour l'autre partie, qui devient par excellence le champ de production industrielle ».[30]

Cette révolution que le capital opère dans la configuration du monde entraîne la naissance d'un marché mondial. Ce qui revient à dire que l'impérialisme et le colonialisme, en tant qu'instruments d'expansion du capital, ont jeté les bases de la mondialisation.

1.B- Du procès de mutation de l'impérialisme en mondialisation

C'est Lénine qui, en s'appuyant à la fois sur les réflexions critiques marxiennes du capital et sur les faits nouveaux observés dans les pays capitalistes au début du

---

[28]*Id.* p. 1298
[29]*Ibid.*
[30]Karl MARX, *Le Capital,* op. cit, p. 1298

XXe siècle, a posé la problématique de l'impérialisme du capital chez Marx.

Il analyse l'impérialisme comme la phase suprême du capitalisme. Sa théorie de l'impérialisme soutient l'idée selon laquelle le capital est entré dans une nouvelle phase de développement international définie par le monopole. Pour lui, cette phase monopolistique serait constamment perturbée par une série de contradictions profondes : contradictions entre travail et capital, métropoles et colonies, entre pays capitalistes. Il considère que l'aggravation de toutes ces contradictions va produire la révolution du prolétariat qui sonnera le glas du capitalisme.

« Ce développement, écrit-il, avance dans de telles circonstances, à un tel rythme, à travers de telles contradictions et perturbations [...] que l'impérialisme explosera inévitablement et que le capitalisme va se transformer en son opposé... ».[31]

Ce qui nous intéresse ici chez Lénine, c'est la place historique qu'il accorde à l'impérialisme dans le développement du capital. Il analyse l'impérialisme comme le *"stade suprême du capitalisme"*. Et pourtant, cette analyse ne paraît pas rendre compte de l'analyse prospective que Marx fait du capital. La preuve en est que la fin des vagues de mouvements impérialistes n'a pas entraîné la transformation du capitalisme en son opposé. D'où les mouvements révolutionnaires de la première moitié du XXe siècle n'ont pas pu anéantir ce mode de production.

Par l'impérialisme, en effet, chaque groupe de capitaux a engagé la mère-patrie à annexer et dominer des territoires étrangers. Ce mouvement a donné lieu à des lotissements du monde conquis pour créer des États coloniaux. C'est ainsi que le capital a *« contraint toutes*

---

[31] Vladimir Ilitch Oulianov LENINE, in *Empire*, op. cit., p. 287

les nations sous peine de disparition, à adopter le mode bourgeois de production ».[32] De cette manière, l'environnement naguère non capitaliste, c'est-à-dire les territoires, les organisations sociales, les cultures, les forces de production non capitalistes, sont subsumés formellement sous le capital dont ils élargissent le marché.

Comme Marx l'a démontré, le capital, en exerçant sa domination sur des territoires étrangers, prépare chaque fois les conditions de naissance de la classe qui s'opposera à elle. Ainsi, des opposants aux nations capitalistes durent se former dans les parties du globe où le capital s'est déployé comme impérialiste et colonisateur.

Mais ces luttes, il faut l'avouer, n'ont pas répudié le capital, elles n'ont pas été de vrais mouvements de subversion contre le capitalisme ; elles ont cherché plutôt, à remplacer les animateurs des institutions sociopolitiques créées par les sociétés capitalistes sur ces territoires étrangers. Il s'agissait de remplacer les Occidentaux par des autochtones à la tête et à l'intérieur de ces institutions.

Les luttes anti-coloniales et anti-impérialistes n'attaquaient pas, de ce fait, le mode de production capitaliste. Elles étaient, dans le fond, des luttes de reconnaissance des droits des indigènes à exister comme membres à part entière de la société capitaliste mondiale. Ces luttes étaient donc des luttes contre le mépris, contre l'exclusion politique, sociale et économique. C'est pourquoi les États-nations qui en sont nés n'ont pas hésité à participer à l'organisation du trafic universel du capital mis en place pendant la colonisation.

Les États coloniaux pillés et exploités sans contrepartie, devinrent désormais des États-nations, membres du trafic universel du capital, avec leurs frontières et leurs douanes. Cette nouvelle configuration

---

[32]Karl MARX et Friedrich ENGELS, *Manifeste du parti Communiste*, op. cit.

du monde s'est bien accommodée avec les exigences de valorisation du capital qui voit son marché s'élargir et devenir véritablement mondial. En effet, les besoins des pouvoirs publics nouvellement créés et des populations qui sont sous leurs dominations ont élevé considérablement le niveau de consommation de la société mondiale. Ce fut l'ère de la célébration des Etats-nations par les capitalistes qui, par la voix de l'Onu, créèrent et soutinrent le droit des peuples à disposer d'eux-mêmes et à librement déterminer leur destin.

Mais aujourd'hui, les frontières, les douanes, bref tous les mécanismes d'affirmation des États-nations dans le trafic universel, sont devenus étouffants pour le capital, en raison du fait qu'ils contrarient son procès de valorisation continue. On le sait, la société capitaliste ne peut se maintenir en vie « sans révolutionner constamment les instruments de production, donc les rapports de production, donc l'ensemble des conditions sociales [...]. Ce qui distingue l'époque bourgeoise de toutes les précédentes, c'est le bouleversement incessant de la production, l'ébranlement de toutes les institutions sociales. »[33]

Ainsi, le lotissement du monde, qu'avaient encouragé les capitalistes, consacrant la naissance des Etats-nations depuis le traité de Westphalie et la charte des Nations unis en son article 1er§ 2, connaît de nos jours une remise en cause par la dynamique de valorisation du capital. Ce lotissement, après avoir permis à celui-ci de connaître une extension en termes de productivité et de circulation des marchandises, devient un obstacle à détruire. En effet, les frontières, les douanes, en un mot, le localisme que ce lotissement consacre, ne permet plus au capital soumis à la loi de la chrématistique de poursuivre son chemin de

---

[33]Karl MARX et Friedrich ENGELS, *op. cit*, p. 164

reproduction ininterrompue, il veut donc procéder à la négation et à l'abattage de ces barrières spatiales.

On assiste alors à un changement de perspective qui consiste à dénigrer les frontières, les barrières douanières pour assurer une mobilité au capital et à tous ses facteurs de production, notamment le travail.

La nouvelle dynamique du capital est de créer une réappropriation des espaces des Etas-nations dans la perspective d'une « désertion quasi-totale de la souveraineté ».[34]L'abolition de la nationalité et son corollaire de protection des frontières nationales se révèlent de plus en plus comme le dernier stade du capitalisme. L'impérialisme fonctionne avec la nationalité dont il étend le territoire. Il ne saurait donc être le stade suprême du capitalisme. L'abolition de la nationalité, des particularismes, constituent en fait le stade suprême du capitalisme qui vise la construction du marché mondial sans entraves.

Pour le dire autrement, la mondialisation est véritablement le dernier stade du mode de production capitaliste. C'est pourquoi, il supporte mal les particularismes nationaux, le patriotisme, l'identité nationale. Comme le soulignent Marx et Engels : *« les limitations et les particularismes nationaux deviennent de* plus en plus impossibles ».[35] En clair, pour le capital « la nationalité est abolie ».

C'est là un message fort qui s'adresse, aujourd'hui, aux partis ultranationalistes, aux partis de l'extrême droite et à tous les réactionnaires, c'est-à-dire les présumés partisans d'un retour à un présupposé ordre ancien. Un retour aux particularismes, aux replis identitaires, à l'enfermement dans les frontières d'un État-nation, est de plus en plus

---

[34] Michael HARDT et Antonio NEGRI, op. cit.

[35]Karl MARX et Friedrich ENGELS, *Manifeste du Parti communiste*, op. cit. p. 165.

impossible. L'histoire des nations est embarquée dans l'histoire du procès de valorisation continue du capital qui tend à conquérir la terre entière comme son marché, sa patrie.

Pendant les premières heures de l'histoire du capitalisme, les capitalistes ont ouvert l'ère des États-nations par l'unification « des provinces indépendantes ou à peine fédérées, ayant des intérêts, des lois, des gouvernements, des tarifs douaniers différents ».[36]De nos jours, ils tendent à refermer cette ère pour ouvrir celle de l'après-État-nation. Celle-ci consiste à faire sortir tous les États-nations du monde de « l'autarcie locale et nationale »[37] de sorte à créer les conditions « d'un trafic universel » pour la reproduction du capital. C'est pourquoi la société capitaliste, comme le disent Marx et Engels, « a donné une forme cosmopolite à la production et à la consommation de tous les pays. Au grand regret des réactionnaires, elle a dérobé le sol national sous les pieds de l'industrie ».[38]

L'impulsion extraordinaire que les nouvelles technologies ont donnée au commerce, à l'industrie, aux moyens et aux voies de communication, est entrée en contradiction grave avec les frontières nationales. La destruction de celles-ci est alors l'enjeu de la mondialisation.

Toutes les lois et tous les traités internationaux qui imposent de nouvelles reconfigurations des relations internationales, ne font que traduire en droit la nouvelle dynamique du capital qui veut un monde sans entraves à la dimension du progrès de ses forces productives et de son commerce. Ainsi, le monde que les capitalistes réclament

---

[36]*Id.* p. 166
[37]*Ibid.* p. 165
[38]*Ibid.*

aujourd'hui, c'est un monde sans frontières, sans barrières, où le capital et le travail peuvent se déplacer et voyager sans entraves, sans conditions. Par la mondialisation, les capitalistes veulent créer un lieu commun à tous les peuples, où le nomadisme du capital et du travail est assuré. Ainsi, le capital et le travail peuvent marcher ou camper partout dans le monde au gré des intérêts capitalistes.

La mondialisation a donc sa source dans le système de production capitaliste qui repose sur la révolution permanente des conditions temporelles de production et sur la modification constante de l'espace de circulation des biens et des personnes. Elle est l'aboutissement même du procès de valorisation du capital, tel que développé par Marx. Chez lui, la thématique du *« marché mondial »* est l'exemple le plus achevé de la tendance révolutionnaire du développement capitaliste. Le procès de constitution du marché mondial suit ainsi toutes les mutations aussi bien formelles que matérielles du capital.

Il est clair que la mondialisation est le stade suprême du capitalisme que tous les autres stades antérieurs, notamment l'impérialisme et la colonisation, préparaient. Il est aussi clair que la mondialisation n'émane pas des acteurs politiques, mais des acteurs de la techno-économie du capital. Autrement dit, la mondialisation se tisse progressivement au rythme des progrès des forces productives de la société capitaliste. C'est ce qui ressort de l'analyse des critiques marxiennes du système industriel du capital.

Après tout ce qui vient d'être dit, il convient d'analyser les enjeux de la mondialisation que nous déclinons en trois points majeurs : enjeux technologiques, économiques et socio-humains.

Chapitre 2
Mondialisation : enjeux techniques, économiques et socio- humains chez Marx

La mondialisation, qui est avant tout une phase de restructuration radicale de l'espace, donc des États-nations par le capital à l'échelle du globe, présente d'énormes enjeux qu'il convient d'analyser. Mais ici, nous analyserons ceux ayant partie liée aux technologies, à l'économie et aux rapports socio-humains subséquents.

En ce qui concerne les enjeux technologiques, il faut noter que le procès de valorisation du capital repose sur l'instrumentalisation croissante des progrès techniques. Ainsi, il apparaît évident qu'au moment où ce système se mondialise, les technologies vont jouer un rôle important dans la dynamique mondiale du capital. C'est ce rôle que ce chapitre se propose d'élucider à partir de Marx.

En outre, la mondialisation, telle que décrite comme mouvement de reconfiguration du monde, se traduisant par la destruction de toutes formes d'obstacles à la circulation du capital et du travail, va entraîner de grands bouleversements économiques. C'est pourquoi, ce chapitre fera une analyse des enjeux économiques de la mondialisation à la lumière des critiques marxiennes du capital.

Enfin, les questions sociales et humaines liées à la problématique du rapport du travail au capital dans la mondialisation seront analysées dans la perspective des réflexions de Marx sur le sort du travail dans le procès de l'accumulation du capital à travers la production de la plus-value.

2. A–Les enjeux technologiques de la mondialisation

Ce qui domine dans la société moderne capitaliste, c'est la production des marchandises. « La richesse des sociétés dans lesquelles règne le mode de production capitaliste, écrit Marx, s'annonce comme une immense accumulation de marchandises. »[39]

Le rappel de cet extrait du *Capital* permet de cerner la dynamique qui va guider la mondialisation, en tant que domination absolue du capital sur le globe. Le point focal de cette dynamique est sans doute la production et la circulation démesurées des marchandises. C'est pourquoi il convient de nous appesantir sur les mécanismes de production et de circulation des marchandises, qui appellent le progrès des technologies.

En effet, quand une marchandise est produite, il faut qu'elle circule, c'est-à-dire qu'elle soit vendue. C'est dans le double procès de production et de circulation de la marchandise que le capital se valorise. Si le capital n'est pas aliéné, c'est-à-dire investi dans ce double procès de production et de circulation, il ne peut pas porter de fruits, autrement dit, il ne peut produire ni réaliser de la plus-value, il ne peut donc croître. Pour qu'il se reproduise, le capital a donc besoin d'être aliéné dans la production et la circulation des marchandises. C'est en cela que la société capitaliste « s'annonce comme une immense accumulation de marchandises. »

Cependant, quand les marchandises sont produites, leur circulation, c'est-à-dire leur vente ne va pas de soi. Autrement dit, l'écoulement des marchandises ne se fait pas automatiquement. La concurrence entre les capitalistes sur le marché rend difficile ce procès de circulation des

---

[39] Karl MARX, *Le Capital,* op. cit., p. 561

produits. Pour surmonter alors les écueils de la concurrence, chaque capitaliste met en œuvre le jeu des prix : « pour qu'un capitaliste puisse en battre un autre et s'emparer de son capital, écrit Marx, il faut qu'il vende moins cher que lui. »[40]

Rappelons qu'avec Marx le prix d'une marchandise est déterminé en fonction de ses frais de production au centre desquels se trouve le temps socialement nécessaire. Il écrit, en fait, ceci :

« Déterminer le prix d'une marchandise par ses frais de production revient à déterminer par le temps de travail nécessaire à sa reproduction. »[41]

Pour bien comprendre le rapport temps et prix des biens sur le marché, chez Marx, il convient de cerner sa théorie de la valeur. Nous commencerons l'exposé de cette théorie, par la définition qu'il donne à la marchandise en tant qu'elle constitue la « forme cellulaire économique » du mode de production capitaliste. La marchandise chez Marx se définit sous un double rapport. D'abord, elle est définie comme une valeur d'usage. Cette valeur d'usage constitue son existence naturelle et objective. Dans *La Contribution à la critique de l'économie politique,* Marx écrit :

« La marchandise est avant tout « une chose quelconque, nécessaire, utile ou agréable à la vie », suivant l'expression des économistes anglais ; un objet de besoin humain, un moyen d'existence au sens plus large du mot. Cette présence de la marchandise comme valeur d'usage se confond avec son existence naturelle et palpable. »[42]

---

[40]Karl MARX, *Travail salarié et capital,* op. cit. p. 222

[41] *Id.*

[42]Karl MARX, *Contribution à la critique de l'économie politique*, op. cit., p. 277

Dans *Le Capital*, la définition de la marchandise comme valeur d'usage est réaffirmée : « La marchandise est d'abord un objet extérieur, une chose qui, par ses propriétés, satisfait des besoins humains de n'importe quelles espèces. Que ces besoins aient pour origine l'estomac ou la fantaisie, leur nature ne change rien à l'affaire. »[43]

Marx reprend plus ou moins ici la pensée utilitariste de John Locke qui affirme que : « Ce qui fait la valeur naturelle d'une chose, c'est la propriété qu'elle a de satisfaire les besoins ou les convenances de la vie humaine. »[44]

Pour Marx, tout objet, dont les propriétés physiques répondent à un besoin humain, constitue potentiellement une marchandise. Ainsi, pour qu'une chose soit désignée comme une marchandise, il faut qu'elle passe premièrement le test de l'utilité ; autrement dit, c'est dans ses capacités à satisfaire les besoins humains qu'une chose devient susceptible d'être appréhendée comme objet marchand. La valeur d'usage apparaît de ce fait comme une qualité proprement économique, en ce sens, elle fait passer les objets, de la sphère des objets simples, privés de valeur, à la sphère de biens économiques.

Dès lors, la notion de valeur d'usage annonce nécessairement celle de la valeur d'échange en tant que second élément constitutif de la notion de marchandise chez Marx. Il le démontre en ces termes : « Les valeurs d'usage ne se réalisent que dans la consommation. Elles forment la matière de la richesse, quelle que soit la forme sociale de cette richesse. Dans la société que nous avons à

---

[43]Karl MARX, *Le Capital,* op. cit., p. 562

[44]John LOCK, *Some considerations on the consequences of the Lowring of Interest*, in *Le Capital,* op. cit., p. 562

examiner, elles sont en même temps, les soutiens matériels de la valeur d'échange. »[45]

Mais que faut-il entendre par valeur d'échange ?

La notion de valeur d'échange traduit la mesure de la valeur échangeable entre deux ou plusieurs objets. Si la valeur d'usage apparaît sous le rapport qualitatif entre un objet et un consommateur, la valeur d'échange, quant à elle, se donne à voir comme le rapport quantitatif dans lequel s'échangent des objets différents. Cette définition de la valeur d'échange est bien mise en évidence dans *Le Capital,* en ces termes : « La valeur d'échange apparaît d'abord comme le rapport quantitatif, comme la proportion dans laquelle des valeurs d'usage d'espèces différentes s'échangent l'une contre l'autre, rapport qui change constamment avec le temps et le lieu. »[46]

La marchandise, comme on le voit, apparaît comme quelque chose à double face ; elle est à la fois valeur d'usage et valeur d'échange. Ces deux formes de valeur ne sont pas juxtaposées, mais elles forment une unité indissoluble. C'est en cela que Marx dit : « Jusqu'à présent, nous avons considéré la marchandise sous un point de vue double, comme valeur d'usage et comme valeur d'échange, chaque fois de façon unilatérale. Cependant, la marchandise est en soi et immédiatement, unité de la valeur d'usage et de la valeur d'échange. »[47]

Dans ce rapport d'unité, la valeur d'usage est comme le dit Marx, « le support actif de la valeur d'échange. »[48] Ce qui revient à dire qu'un produit ne devient échangeable que si et seulement s'il sert à la satisfaction des besoins humains. Mais ceux-ci, bien qu'ils soient humains, ne

---

[45]Karl MARX, *Le Capital,* op. cit., p. 563

[46]*Id.*

[47]Karl MARX, *Contribution à la critique de l'économie politique*, op. cit., p. 293

[48]*Id.* p. 294

doivent pas être ceux du possesseur du produit. Autrement dit, pour qu'un produit revête une valeur d'échange, il doit être inutile, en terme de besoins immédiats pour son possesseur et en même temps répondre à l'utilité immédiate ou future du propriétaire d'un autre produit différent. Le procès du produit comme marchandise s'inscrit dans ce paradoxe relatif à la valeur d'usage. Un produit devient une marchandise dès qu'il transcende les besoins immédiats, directs de celui qui le possède et répond à l'usage direct d'autres personnes, bref de la société. Si le produit est valeur d'usage pour son possesseur, c'est-à-dire un moyen direct de satisfaction de ses propres besoins, il ne serait pas marchandise. Marx exprime cette idée en ces termes :

« En tant que support actif de la valeur d'échange, la valeur d'usage devient moyen d'échange. Pour son possesseur, elle est valeur d'usage uniquement en tant que valeur d'échange. Il lui faut par conséquent devenir valeur d'usage, en premier lieu pour d'autres. N'étant pas valeur d'usage pour son propre possesseur, elle est valeur d'usage pour les possesseurs d'autres marchandises. »[49]

En clair, cette analyse de la notion de valeur d'usage fait apparaître la marchandise comme une chose réalisée, produite pour d'autres. Comme le dit Henri Nadel, « tant que le produit du travail vise à satisfaire immédiatement la consommation, il ne se transforme pas en marchandise. »[50] Autrement dit, la marchandise est d'abord et avant tout une chose pour-autrui, c'est-à-dire produite pour être vendue. C'est par cette seule médiation qu'elle devient une chose utile pour son possesseur.

---

[49] Karl MARX, *Contribution à la critique de l'économie politique*, op. cit., p. 294

[50] Henri NADEL, *Marx et le salariat,* Paris, l'Harmattan, 1994, p. 131

Ainsi, pour se réaliser comme valeur d'usage, pour son possesseur, la marchandise doit d'abord se réaliser dans la valeur d'échange, c'est-à-dire être en premier lieu un moyen de satisfaction des besoins des autres. Et c'est au terme de ce procès qu'elle se manifeste à son propriétaire comme moyen d'usage, dans la mesure où elle lui offre les moyens de se procurer des moyens d'existence. De ce fait ; les marchandises doivent changer : « continuellement de position, en passant des mains où elles sont moyens d'échange, dans les mains où elles sont moyens d'usage ».[51]

Il en résulte que pour que les marchandises se présentent à celui qui les détient comme moyen d'utilité, c'est-à-dire comme valeur d'usage, il faut qu'elles soient aliénées. L'aliénation, en effet, est ici le procès du passage des marchandises de la main de leur possesseur à celle d'un autre où elles manifestent leur caractère de valeur d'usage. En tant qu'elles se posent toujours et nécessairement comme des non-valeurs d'usage pour leur propriétaire et en même temps, comme des valeurs d'usage pour celui à qui elles n'appartiennent pas, les marchandises ont une destinée : c'est celle de ne jamais demeurer chez elles, c'est-à-dire dans la main de leur possesseur. Sinon, celui-ci devient malheureux.

C'est en quittant leur demeure originelle pour aller demeurer chez d'autres qui ne les ont pas à l'origine, que les marchandises rendent service à leur propriétaire. Comme Marx le dit : « Aussi faut-il qu'elles passent d'une main dans l'autre sur toute la ligne. »[52]

La loi de l'aliénation gouverne ainsi chaque marchandise. Sans l'aliénation, elle est sans valeur, puisqu'elle est dans son essence, un être-pour-autrui et non pour son détenteur. C'est en parvenant à satisfaire aux

---

[51]Marx cité par Henri NADEL, *Op. cit.*, p. 131

[52] Karl MARX, *Le Capital,* op. cit., p. 621

exigences, aux besoins, aux goûts des autres auxquels elle s'aliène que chacune des marchandises sur le marché devient porte-valeur pour son possesseur qui « veut donc l'aliéner pour d'autres marchandises dont la valeur d'usage puisse le satisfaire. »[53]

C'est dans son étude du procès de « l'aliénation universelle des marchandises »,[54]que Marx découvre le travail humain comme fondement des échanges entre les marchandises sur le marché.

« Dans leur aliénation universelle, écrit-il, les marchandises comme valeur d'usage ne sont en rapport les unes avec les autres qu'en vertu de leur diversité matérielle d'objets particuliers, susceptibles de satisfaire des besoins particuliers »[55]. Mais dans le fond « en qualité de simple valeur d'usage, ce sont des êtres indifférents les uns des autres ; bien plus encore, elles sont sans lien. [...] Toutefois, elles ne sont échangeables qu'en tant qu'équivalents, et elles ne sont telles que comme quantités égales de temps de travail matérialisé. »[56]

Marx souligne donc que les valeurs d'usage qui soutiennent les valeurs d'échange n'ont a priori aucune commune mesure. Cependant, puisque les marchandises sont destinées à être aliénées, donc vendues et achetées, elles doivent posséder quelque chose en commun, faute de quoi, il serait impossible de les comparer pour les échanger. Mais d'où vient alors cette substance commune ? Autrement dit, quelles sont les conditions qui rendent possibles la comparaison et donc l'échange des marchandises ?

---

[53]*Id.*

[54]Karl MARX, *Contribution à la Critique de l'économie politique*, op. cit., p. 294

[55] *Id., p.* 296

[56]*Ibid.*

Pour Marx, les qualités naturelles, c'est-à-dire l'ensemble des propriétés qui les déterminent comme valeurs d'usage sont mises de côté quand il s'agit de déterminer leur valeur marchande. « Or la valeur d'usage des marchandises une fois mise de côté, il ne leur reste plus qu'une qualité, celle d'être des produits du travail ».[57]En clair, ce qui rend possible la rencontre et l'échange des marchandises c'est le travail qu'elles contiennent.

Marx hérite cette idée du travail créateur de la valeur de la marchandise de David Ricardo. Cherchant à déterminer la valeur des marchandises, celui-ci s'est attaqué aux analyses d'Adam Smith sur la valeur c'est-à-dire sur la valeur d'échange. Smith, en effet, à l'encontre de la thèse du philosophe-économiste Hutcheson qui liait la valeur à l'utilité, rattache la valeur des biens à la quantité de travail nécessaire à leur production. Cependant, cette notion de valeur-travail qu'il découvre est réduite aux sociétés précapitalistes. A ces yeux donc, c'est chez les sociétés primitives seules que les échanges des produits sont indexés sur la quantité de travail nécessaire à leur production parce que dans ces sociétés « le produit du travail appartient tout entier au travailleur »[58]. Il s'ensuit que chez Smith, le concept de valeur-travail ne peut pas être opératoire dans une société moderne. De ce fait, il se résout à déterminer la valeur des biens dans une telle société, ce qui lui donne du fil à retordre, car sur la question il ne parvient pas à dégager une théorie claire et satisfaisante. Il soutient, en effet, que dans une société moderne la valeur d'un bien se rattache à la quantité de travail que l'on peut acheter avec ce bien. En le faisant, Smith semble s'embrouiller sur le problème de la valeur

---

[57]Karl MARX, *Le Capital,* op. cit., p. 565

[58] Henri DENIS, *Histoire de la pensée économique*, Paris, PUF, 1993, p. 194

dans les sociétés modernes. C'est pourquoi Ricardo le recadre en réaffirmant le lien nécessaire entre la valeur d'échange et la quantité de travail que contient le produit à échanger. La théorie de la valeur-travail est pour lui le fondement d'une explication cohérente et juste des prix normaux des marchandises dans toutes les sociétés y compris les sociétés modernes. Donc, « à la différence de Smith, Ricardo s'en tient à la conception qui explique la valeur des marchandises par la quantité de travail nécessaire à leur production »[59]. C'est ainsi qu'« il distingue la richesse, c'est-à-dire les choses mêmes qui sont « nécessaires, utiles ou agréables » et la valeur qui « ne dépend pas de l'abondance, mais bien de la difficulté ou de facilité de la production. »[60]

Cependant, Ricardo prend bien soin de lever toute équivoque portant sur sa théorie de la valeur. Pour lui, comme l'a fait observer Henri Denis, « le coût en travail ne rend compte de la valeur que si l'on a affaire à des biens que l'industrie humaine peut reproduire de façon pratiquement illimitée. »[61] D'où « la valeur d'un objet d'art ne s'explique donc pas par son coût en travail. »[62] Le problème de la valeur qu'il cherche donc à résoudre relève de « la sphère de la production et de la distribution des biens reproductibles. »[63]

Si Marx hérite de lui l'idée selon laquelle la valeur d'échange des marchandises n'est déterminée que par le travail, il opère cependant une approche originale sur la question. Marx, en effet, estime que, s'il est vrai que la valeur marchande des marchandises dépend du travail qui

---

[59] Henri DENIS, op. cit., p. 313

[60]*Id*

[61]*Id.*p. 316

[62]*Ibid.*

[63]*Ibid.*

y est incorporé, il est toutefois bien de noter le double caractère de ce travail.

Cette mise en évidence du double caractère du travail incorporé dans les marchandises, lui permet d'inaugurer une lecture innovante des notions de la valeur-travail et de la marchandise elle-même. D'une part, celle-ci contient du travail concret, particulier. C'est ce travail concret ou particulier qui crée les valeurs d'usage ; d'autre part, elle contient du travail abstrait ou général établissant sa valeur et sa grandeur sur le marché. Cette double manifestation du travail dans la marchandise ne signifie guère que l'on puisse « à proprement parler de deux sortes de travail dans la marchandise. »[64]

Il s'agit dans le fond d'un seul et même travail. « Cependant, souligne Marx, le même travail y est opposé à lui-même suivant qu'on le rapporte à son produit, ou à la valeur de cette marchandise comme à sa propre expression objective. »[65]

Ce que les marchandises ont en commun, ce n'est point le travail concret ou particulier qui a réalisé leur valeur d'usage, mais au contraire c'est le travail abstrait, général, c'est-à-dire socialement admis. Ce qui permet ainsi d'échanger deux marchandises, c'est ce dénominateur commun appelé travail abstrait. Il permet d'égaliser les produits de deux travaux concrets, particuliers.

Supposons que deux heures de travail représentent la moyenne nécessaire pour produire un pantalon et qu'il faille huit heures pour produire un sac en cuir. L'égalisation par le marché consiste à établir une équivalence entre quatre pantalons pour un sac en cuir de sorte qu'indirectement, une heure de travail dans la production de pantalons s'échangera bien contre une heure de travail pour la production du sac.

---

[64] Karl MARX, *Le Capital,* op. cit., p. 574

[65]Karl MARX, *Le Capital,* op., cit., p. 574.

Marx introduit donc dans l'analyse du travail abstrait comme substance de la valeur et de la grandeur des marchandises, le concept de temps. C'est ainsi qu'il écrit que :

« C'est donc seulement le quantum de travail ou le temps de travail nécessaire, dans une société donnée à la production d'un article, qui en détermine la quantité de valeur (...). Les marchandises dans lesquelles sont contenues d'égales quantités de travail, ou qui peuvent être produites dans le même temps, ont par conséquent une valeur égale. »[66]

Le temps dont il est question ici ne doit pas s'entendre comme temps naturel. En effet, si l'on calcul le travail en heures, il ne s'agit pas banalement d'un temps ordinaire, habituel, naturel, mais plutôt d'un temps social. Autrement dit, c'est le temps socialement nécessaire à la production des marchandises qui sert de moyens de mesure de leurs valeurs, et de leurs grandeurs. Ce qui revient à dire que l'on néglige le temps individuel, concret, pour ne s'intéresser qu'au temps dépensé en moyenne par les travailleurs d'une société donnée. En effet, pour Marx, « la totalité de la force de travail de la société tout entière qui se présente dans les valeurs mêmes du monde des marchandises est comptabilisée comme une seule et même force de travail humaine bien que cette totalité soit formée par le grand nombre de forces de travail individuelles. »[67]

Le travail ici n'est donc pas une catégorie purement physique, une dépense concrète d'énergie par unité de temps naturel, ordinaire, mais une catégorie sociale. Cette précision « résout le problème soulevé par les différences de productivités entre deux fabricants, le paresseux et le véloce. »[68]

---

[66] *Id.* p.566
[67] Henri NADEL, *op.cit.,* p. 109
[68] *Ibid.*

L'échange a donc une fonction sociale, celle d'égaliser les travaux concrets ou particuliers pour qu'on puisse les échanger. Et, c'est par les mécanismes du marché que se réalise l'égalisation et les échanges de ces travaux concrets en fonction du « temps de travail nécessaire socialement.»[69] En un mot, le marché ne reconnaît pas le travail concret, particulier, mais seulement le travail abstrait, c'est-à-dire le temps de travail nécessaire socialement, commun dénominateur permettant l'échange des marchandises.

Ainsi, le temps qui mesure ici le coût, le prix des marchandises sur le marché, n'est pas le temps naturel, le temps habituel, il s'agit du temps social, du temps conventionnel dans le procès de production. Ce qui revient à dire que, le temps qui mesure le prix des marchandises, c'est le temps socialement nécessaire à la production des biens.

Le jeu des prix des marchandises que chaque capitaliste doit donc pratiquer pour faire valoir son capital sur le marché se fait dans le cadre du temps socialement nécessaire à la production des biens. La capacité du capitaliste de vendre moins cher ses marchandises sans se ruiner, sans perdre son capital, réside de ce fait dans la réduction du temps socialement nécessaire à la production de ses produits.

Produire le maximum de marchandises en un temps beaucoup plus réduit devient sa porte de salut dans la concurrence avec ses pairs capitalistes sur le marché. Et les moyens par lesquels le capitaliste y parvient, sont « la division du travail plus poussée » grâce aux moyens technologiques très puissants autour desquels s'organise le travail : « Pour pouvoir vendre moins cher sans se ruiner, écrit Marx, il faut qu'il (le capitaliste) produise à meilleur marché, c'est-à-dire qu'il augmente au maximum la

---

[69]Karl MARX, *Le Capital,* op.cit., p. 566

productivité du travail. Or, la productivité du travail tient avant tout à une division du travail plus poussée, à la généralisation et au perfectionnement constant du machinisme. »[70]

Marx rejoint ici Galliani qui affirme que « le perfectionnement de l'industrie n'est pas autre chose que la découverte de moyens nouveaux à l'aide desquels on puisse achever un ouvrage avec moins de gens ou (ce qui est la même chose) en moins de temps qu'auparavant. »[71]

L'économie des frais de production, qui assure aux marchandises la compétitivité sur le marché repose clairement sur le progrès des technologies, autour duquel s'organise la production. C'est pourquoi « on voit […] naître une émulation entre les capitalistes ; c'est à qui poussera la division du travail et développera le machinisme pour exploiter sur une plus grande échelle. »[72]

La dialectique de la technologie est l'ossature de la dynamique de l'économie capitaliste tout entière, chez Marx. Il reconnaît, certes, que la technique a toujours accompagné le procès de production dans l'histoire, elle y reste le gradimètre du développement de la force de travail humaine et des différentes phases de l'histoire. La caractérisation des temps préhistoriques « sous les noms de l'âge de la pierre, l'âge du bronze, l'âge du fer »[73] en témoigne éloquemment.

Cependant, le rôle qu'elle joue dans l'économie et la société capitalistes connaît une ampleur exceptionnelle. En effet, les catégories de base du mode de production capitaliste, notamment la marchandise, le marché et la concurrence mettent en scène nécessairement le progrès

---

[70] Karl MARX, *Travail salarié et capital,* op. cit.

[71] GALIANI, op. cit., p. 852.

[72] Karl MARX, *Travail salarié et capital,* op. cit., p. 222

[73] Karl MARX, *Le Capital,* op. cit., p. 730.

des technologies. C'est lui qui détermine, à partir du procès de production, le comportement, la réaction de la marchandise sur le marché où elle est en compétition avec d'autres marchandises. Pour le dire en des termes plus clairs, la compétitivité de la marchandise sur le marché, en termes de qualité et de prix, notamment le bas prix, est liée au développement de la technologie. C'est la technologie qui est au cœur de la stratégie de l'économie des frais de production et donc au centre de la guerre commerciale que les capitalistes se livrent. Ainsi, quand un capitaliste déjoue la concurrence avec ses pairs capitalistes, par l'invention de nouveaux moyens de production et de nouvelles formes d'organisation du travail, ceux-ci « installent les mêmes machines, introduisent la même division du travail, à même échelle ou plus grande encore.»[74]

Quand ces innovations technologiques et les formes d'organisation du travail subséquentes se généralisent, les avantages qu'elles procuraient sur le marché s'amenuisent. Alors, « le même jeu recommence sur la base de ses nouveaux frais de production ; division plus poussée du travail, développement du machinisme, exploitation sur une plus grande échelle de la division du travail et du machinisme. »[75]

Cette dynamique de la technologie qui est la clé de voûte du mode de production capitaliste restera le cœur de la mondialisation. Dans les conditions d'une concurrence mondiale qui a pris la forme aiguë de la course à la rentabilité maximale, les entreprises sont, de plus en plus contraintes d'augmenter la productivité par l'extrême rationalisation de l'organisation du travail. Marx, en fait, n'a pas analysé le capitalisme dans les limites d'une époque ou d'une nation. Ce qu'il voulait déceler dans le

---

[74] Karl MARX, *Travail salarié et capital,* op. cit., p. 225
[75] *Id.,* p. 224

mode de production capitaliste, ce sont « les lois elles-mêmes, des tendances qui se manifestent et se réalisent avec une nécessité de fer. »[76]

S'il a emprunté à l'Angleterre les faits et les exemples principaux qui servent d'illustration au développement de ses théories sur le système industriel du capital, c'est parce que ce pays « est le lieu classique de cette production. »[77]

Marx reste donc convaincu que les lois et les tendances du capitalisme qu'il a mises au jour restent valables pour chaque pays et pour chaque époque où ce mode de production se déploie. C'est pour quoi, il crie à l'Allemagne qui venait de faire son entrée dans la production capitaliste : « de te fabula narratur » c'est-à-dire, « c'est ton histoire qu'on raconte. »[78]

On pourrait aussi dire que c'est notre époque, c'est-à-dire l'époque de la mondialisation qu'il raconte dans sa critique du procès de reproduction du capital, puisqu'il a été beaucoup préoccupé par l'avenir de la production capitaliste. Ainsi, son hypothèse sur le marché mondial cadre bien avec l'étude sur les enjeux technologiques de la mondialisation:

« Représentons-nous maintenant tout le marché mondial saisi d'un coup par cette agitation fébrile. Nous comprendrons comment l'accroissement, l'accumulation et la circulation du capital ont pour conséquence une division ininterrompue et précipitée, sur une échelle de plus en plus gigantesque ainsi que l'emploi de nouvelles machines et le perfectionnement des anciennes. »[79]

On sait davantage que la mondialisation mise beaucoup sur le développement des technologies de la communication. Marx de façon étonnante prédit ce virage

---

[76] Karl MARX, *Le Capital,* op. cit., p. 549

[77] *Id.*, p. 548.

[78] *Ibid.*

[79] Karl MARX, *Travail salarié et capital,* op. cit., p. 225

communicationnel qui unifie les peuples du monde entier : « les communications des peuples entre eux sont si étendues sur le globe terrestre que l'on peut quasiment dire le monde entier est une seule ville où se tient une foire permanente de toutes les marchandises. »[80]

L'accès à cette« foire permanente de toutes les marchandises »se fera nécessairement « à coup de bas prix ». Or, « le bon marché des produits dépend caeteris partibus, de la productivité du travail et celle-ci de l'échelle des entreprises »[81]et celle-là de la puissance technologique. Autrement dit, la guerre commerciale que sous-tend la mondialisation sera avant tout une guerre technologique. L'on ne peut produire ni vendre en termes capitalistes, s'il n'est pourvu d'équipements technologiques sans cesse rénovés.

La mondialisation se pose donc comme l'apogée de la guerre technologique que les capitalistes se sont livrés depuis les premiers stades de développement du système industriel du capital. La guerre technologique, en tant que support technique de la guerre commerciale, sera si intense que chaque capitaliste n'attendra plus que « la concurrence ait démodé les anciennes machines » pour concevoir et mettre en œuvre de nouvelles, bref, de nouveaux systèmes de production. Chacun cherchera toujours à être en avant sur le temps socialement nécessaire à la production en vigueur dans le procès de production, pour devancer ses concurrents sur le marché. Dès lors, la course aux machines les plus perfectionnées, les plus performantes en termes de productivité, sera une des caractéristiques fondamentales de la mondialisation du capital : « La lutte la plus acharnée, écrit Marx, s'engage entre les capitalistes pour leur place au marché et leurs profits personnels, qui sont les raisons directes du bas prix

---

[80] MONTANARI, in *Critique de l'économie politique*, op. cit,, p. 444
[81] Karl MARX, *Capital,* op. cit,, p. 1138

de leurs produits. C'est donc à qui emploiera les machines les plus perfectionnées. »[82]

Comme on le note bien chez Marx, bien que la concurrence, dans la société bourgeoise, commence sur le terrain commercial, c'est finalement dans le procès de production, notamment dans le procès du travail que la concurrence va manifester sa férocité et son visage le plus abject. Chaque capitaliste, pour offrir, sur le marché, des marchandises à bas prix et en même temps faire du profit, va chercher à déjouer sans cesse la concurrence entre ses pairs par l'emploi des machines soumises à la loi de la révolution constante.

De ce fait « il multiplie les procédés de division du travail, les machines nouvelles et plus coûteuses, qui produisent à meilleur marché. Il n'attend plus que la concurrence ait démodé les anciennes machines. »[83]

Il faut en déduire que le temps socialement nécessaire à la production de la société capitaliste, est fondé sur le temps des machines que Fischbach, commentant Lukàs, nomme « le temps de la science et de la physique. »[84] La recherche scientifique et son application technologique, qui forment ainsi l'élément structurant le temps socialement nécessaire à la production de la valeur, contraignent ainsi, d'un point de vue normatif et coercitif, les capitalistes à être en phase avec leur temps. C'est certainement cette dynamique de reproduction du capital exigeant des capitalistes d'être de leur temps, qui a conduit Moishe Postone à écrire que « la valeur est une expression du temps en tant que présent »[85]. Pour le dire autrement, la valeur est évaluée à l'aune « de la dépense actuelle de temps de travail social, telle que cette dépense est requise

[82] Karl MARX, *Le Capital*, op. cit., p. 1300

[83]Karl MARX, *Travail salarié et capital,* op. cit., p. 225

[84] Franck FISCHBACH, op., cit. p. 132.

[85]Moishe POSTONE cité par FISCHBACH, pp.132-133.

dans les conditions actuelles de la production, au niveau actuel du développement des forces productives et selon le degré de productivité sociale atteint au moment actuel et présent de son développement. »[86]

Mais à y voir de près, le présent qui domine la détermination de la valeur est hanté par le futur qui le presse de céder le pas à de nouvelles formes de production de la valeur. Ainsi, la valeur est certes une expression du présent, mais un présent jeté dans le futur qui le pousse à accoucher d'un autre présent qui n'est pas encore. C'est pourquoi le capitaliste mise moins sur le présent que sur le futur. Ce qui fait qu'il n'attend plus que « la concurrence ait démodé les anciennes machines » pour concevoir et mettre en œuvre de nouveaux systèmes de production. Contrairement donc à ce que pense Postone, pour Marx, les capitalistes ne cherchent pas seulement à être de leur temps, mais aussi à sortir des frontières de leur temps, c'est-à-dire des conditions actuelles de production pour s'inscrire dans le futur, en créant ainsi les cadres temporels de production d'un nouveau présent social qui n'est pas encore. C'est pourquoi il n'est pas rare d'entendre aujourd'hui les capitalistes dire : « ce sont les moyens de production de demain » ou encore « ce sont les produits de demain ».

De ce fait, dans le contexte de la mondialisation, la marche rapide qui sera imprimée au progrès technologique en vue de la maîtrise du futur rendra très vite obsolètes les moyens de production avant leur usure physique. Les écarts entre les générations de machines et autres produits technologiques se réduiront énormément. Il en résulte que l'on assistera à un accroissement extraordinaire de la recherche, en matière d'innovations technologiques. La survie de chaque capitaliste dans le contexte de la mondialisation dépendra du rythme soutenu de ses

---

[86]Franck FISCHBACH, *op. cit.*

innovations en termes de moyens de production et de produits. De ce fait, l'entretien de laboratoires de recherche et d'innovations technologiques par les entreprises fera l'objet d'une attention particulière en termes d'investissements. Et, dans ces laboratoires, l'on observera une sollicitation immorale des chercheurs qui seront soumis à une grande pression au travail par le capital. Dès lors le capital se nourrira plus du cerveau que des autres parties du corps humain.

2.B- Les enjeux économiques de la mondialisation

Les questions économiques restent les enjeux majeurs de la mondialisation du capitalisme. L'exigence de reconfiguration du monde, qui se traduit par la mondialisation, est avant tout une exigence économique. Il s'agit notamment de l'exigence commerciale qui résulte du développement exponentiel des forces productives du capital.

Le premier enjeu économique donc de la mondialisation est la croissance. C'est pour répondre au besoin de la croissance posé par les crises récurrentes et profondes du capital que les capitalistes ont décidé de revoir les frontières à l'intérieur desquelles ils ont produit et échangé les marchandises. Ainsi, la nouvelle configuration du monde, qui est en train de se constituer et que l'on appelle la mondialisation, s'inscrit dans la perspective de la relance de l'économie capitaliste en panne de croissance depuis quelques décennies.

Mais cette croissance sera-t-elle garantie par le procès de mondialisation du capital? Assurer une grande mobilité du capital et du travail en raison de la suppression des barrières nationales pourrait sans doute donner lieu à de grandes phases de croissance, mais il pourrait s'agir d'une croissance fiévreuse ; car comme le dit Marx, « l'expansibilité immense et intermittente du système de fabrique, jointe à sa dépendance du marché universel enfante nécessairement une production fiévreuse. »[87]

Deux facteurs essentiels vont expliquer cet accroissement extraordinaire, mais éphémère, du capital dans ce contexte de la mondialisation du capital.

Marx et Engels analysent, dans *Le Manifeste du parti communiste*, comment la société capitaliste surmonte les crises économiques et renoue avec la croissance. Dans cette analyse, ils mettent en lumière deux mécanismes de relance de l'économie capitaliste. Le premier consiste à approfondir l'exploitation des anciens marchés et le second en la conquête de nouveaux débouchés. Suivant cette logique, l'on peut s'interroger : où sont les anciens marchés de la société capitaliste actuelle ? Quels sont les mécanismes d'approfondissement de ces marchés ? Et, où sont les nouveaux débouchés à conquérir ?

Les anciens marchés de la société bourgeoise actuelle sont de deux ordres. Il y a d'un côté les marchés centraux et de l'autre les marchés périphériques. Les marchés centraux sont constitués des marchés des États-nations de l'Europe occidentale et de l'Amérique du Nord. Ces marchés, qui sont les plus vieux du système capitaliste, connaissent des phases d'essoufflement long et des périodes d'éveil relativement courtes, si l'on excepte les Trente glorieuses qui sont le fait de la reconstruction de l'après deuxième guerre mondiale.

Pour la relance de la croissance dans cet espace économique, les capitalistes mettent en œuvre deux leviers clés. Il s'agit du crédit et de la découverte de nouvelles valeurs d'usage. Le crédit est analysé par Marx comme « une aide à l'accumulation ».[88]Le processus ordinaire

---

[87]Karl MARX, *Capital,* op. cit., p. 1298
[88] Id. p. 1139

d'accumulation du capital exige, en effet, une longue période de gestation et un enfantement douloureux. « Le développement de la production capitaliste enfante » donc « cette puissance tout à fait nouvelle »[89]qu'est le crédit pour abréger la longue période de gestation et éviter l'enfantement douloureux du capital. Ainsi, le crédit permet aux capitalistes « d'étendre l'échelle de leur opération. »[90] Pour Marx, « le monde se passerait encore du système de voie ferrée, par exemple, s'il eût dû attendre le moment où les capitaux individuels se fussent assez arrondis par l'accumulation pour être en état de se charger d'une telle besogne. »[91]

Le développement du crédit des temps modernes est donc, fondamentalement, lié au procès de reproduction du capital, en termes d'élargissement et de relance de ses activités. Il est de ce fait, au cœur de toutes les stratégies de reproduction du capital. C'est pourquoi il occupe une place capitale dans le dispositif d'approfondissement de l'exploitation des anciens marchés. Le crédit, en effet, finance non seulement la découverte de nouvelles valeurs d'usage, mais aussi, met à la disposition des capitalistes industriels les ressources financières pour la traduction de ces nouvelles valeurs d'usage en produits industriels. La découverte de nouvelles valeurs d'usage, il faut le souligner, brise la routine et la stagnation dans la production économique. Elle induit, de ce fait, une relance du procès de reproduction et d'accumulation du capital, en ce sens qu'elle ouvre aux capitalistes de formidables opportunités d'investissement rentables. Le crédit, en soutenant, par le financement de la recherche scientifique, la découverte de nouvelles valeurs d'usage et leur

---

[89] Karl Marx Op. cit

[90] Id.

[91]Ibid.

exploitabilité dans le procès de production, contribue à y briser la routine.

Il s'attaque également à la stagnation de la consommation à un double niveau. Premièrement, il permet aux industries de mettre à la disposition des consommateurs de nouveaux produits, en raison des innovations qu'il a financées dans le procès de production. Et deuxièmement il finance le pouvoir d'achat des ménages. Sur ce point, il nous faut nous étendre un peu. La sphère de la consommation est, en effet chez Marx, le lieu de réalisation de la plus-value produite dans le procès de production. Elle est, de ce fait, déterminante dans le processus global de valorisation du capital. C'est pourquoi, en cas d'essoufflement de la consommation, toute la société bourgeoise entre en crise. Pour alors garder éveillée la sphère de la consommation, les capitalistes, qui sont conscients que les salaires qu'ils paient au salariat ne peuvent y suffire, pousse celui-ci vers les institutions de crédit. Par le crédit donc, les capitalistes encouragent le salariat à consommer sans attendre le temps de réaliser des économies réelles. Le crédit permet de ce fait aux salariés de jouir des commodités de la société bourgeoise (appartement, voiture, appareils électroménagers, etc.) sans attendre le temps de l'épargne individuelle. Il leur permet ainsi de contourner la loi classique des échanges qu'est l'achat au comptant.

C'est par cette opération que la société capitaliste assure la reproduction du capital et entretient la pérennité de son mode de production dans les pays qui abritent les marchés centraux de son système mondial. Alors, il ne faut pas que l'on s'étonne de voir que dans ces pays, « le fait d'être endetté est aujourd'hui en passe de devenir la condition générale de la vie sociale. Il est pratiquement impossible de vivre sans s'endetter : un prêt étudiant, un crédit immobilier, un financement pour l'achat d'une automobile, une facture du médecin, etc. »[92]

C'est au prix donc de la dette, associée à la recherche renouvelée de nouvelles valeurs d'usage à travers les innovations technologiques que la société capitaliste s'efforce de se maintenir dans l'histoire des modes de production dans les pays dits avancés.

Mais, le couple crédit/nouvelle valeur d'usage, qui forme le noyau dur de la stratégie de relance de la croissance dans les pays du centre du système capitaliste, ne saurait prospérer sans l'exploitation des marchés périphériques du système. En effet, l'omniprésence de la dette, dans les pays dits avancés, menace de faire voler en éclats le système capitaliste. Pour juguler alors ces menaces, les capitalistes réorganisent les rapports de production dans les espaces périphériques du système créé pendant la période impérialiste. Ils mettent en œuvre cette réorganisation par la médiation de leurs institutions internationales, notamment la Banque mondiale et le FMI qui leur permette de se réapproprier ces espaces. En effet, par les programmes d'ajustement structurel, le FMI a offert récemment aux appétits des firmes géantes des capitalistes occidentaux, des marchés publics nationaux, des entreprises publiques et parapubliques. Ces firmes consolident ainsi les faibles marges réalisées dans leurs pays d'origine, en réalisant de gros profits sur ses espaces périphériques.

Cette forme d'accumulation capitaliste est ce que Marx appelle l'expropriation capitaliste. L'accumulation par l'expropriation des pays des espaces périphériques est un levier essentiel par lequel le capitalisme continue sa reproduction dans les pays avancés.

---

[92] Antonio NEGRI et Michael HARDT, *Déclaration, ceci n'est pas un manifeste,* Paris, RAISON D'AGIR, 2013, p. 19.

Si l'expropriation des espaces périphériques du système capitaliste assure la reproduction du capitalisme dans les pays avancés, c'est en raison d'un facteur majeur, ce facteur c'est le travail. Marx, dans *Travail salarié et capital,* démontre que le capital vit du travail. Sans le travail, il ne peut pas se reproduire, d'autant plus que la plus-value est du travail non payé au travailleur. De ce fait, quand le travail revient cher au capital, la marge du travail non payé au travailleur se réduisant, il amenuise l'extraction de la plus-value.

Or le prix relativement bas de la force de travail est l'une des caractéristiques des pays des espaces périphériques du capital. Ce coût relativement bas permet alors au capital d'y réaliser des économies de frais de production, et donc, de produire des plus-values considérables. De ce fait, les capitalistes peuvent consolider les faibles marges réalisées dans les pays du centre. C'est cette réalité économique qui les pousse à délocaliser leurs centres de fabrication initialement installés dans les pays avancés pour les implanter dans les pays de la périphérie.

De nos jours, ce phénomène s'observe au Maroc avec notamment les usines Peugeot, en Chine et dans certains pays de l'Asie du Sud-est où plusieurs multinationales occidentales on délocalisé leur production. Le travail y est moins cher. De ce fait, le capital y connaît un accroissement extraordinaire. Les marchandises chinoises, par exemple, envahissent le monde entier à coup de dumping social, donc, de bas prix, exerçant ainsi une dictature commerciale sur le marché mondial. C'est par ce moyen que la croissance du capital en Chine contribue, ces dernières années, à soutenir la croissance de l'économie capitaliste mondiale.

Ce phénomène économique pourrait se reproduire en certains endroits du globe, dès que le capital y trouvera des conditions d'exploitation du travail plus souples, plus malléables qu'en Chine ou en Asie du Sud-est. Le capital, il faut le redire, ne veut être d'aucun pays, d'aucune nationalité, ni d'aucune localité, il refuse la stigmatisation, le localisme, l'identité nationale. Son pays c'est le monde entier, c'est aussi et surtout, là où les frais de sa reproduction sont très peu coûteux.

Bref, son pays c'est là où il peut s'installer et larguer ses marchandises à travers le monde entier, c'est-à-dire sur *« le marché mondial »* sans souffrir du poids du travail et d'autres facteurs de production. C'est ainsi que la mondialisation du capital donnera lieu à une croissance fiévreuse, dont les pôles vont se déplacer régulièrement dans le monde.

Mais pour Marx, cette croissance fiévreuse se fera aux dépens des petites et moyennes entreprises ainsi que des petites et moyennes industries. Et c'est là le deuxième enjeu économique de la mondialisation chez Marx.

En effet, comme il a été souligné, la mondialisation est une affaire commerciale. L'on pourrait même dire que c'est une affaire de guerre commerciale, étant donné que la marchandise est la base cellulaire du mode de production capitaliste dont le développement sur le globe sera assuré par la mondialisation. Cette guerre commerciale se gagne à coup de bas prix.

Or, ces bas prix résultent de la combinaison des moyens de production gigantesques, constamment rénovés et de l'extrême rationalisation du travail. Les petites et moyennes entreprises ainsi que les petites et moyennes industries, qui restent en général limitées dans ces domaines, ne sauraient tenir le rythme de la concurrence commerciale : « Dans les pays, écrit-il, où la civilisation moderne s'est développée, il s'est formé une nouvelle couche de petits bourgeois. Intermédiaire entre le prolétariat et la bourgeoisie, elle sert de complément à la société bourgeoise ; [...] ; cependant, la concurrence précipite constamment les individus de cette classe dans le prolétariat. »[93]

Visiblement donc, la bourgeoisie moyenne est appelée à disparaître, surtout dans le contexte de la formation et de maturation du marché mondial. Autrement dit, lorsqu'on fait, avec Marx, une projection du visage de l'économie mondiale, on ne peut qu'annoncer la destruction programmée des petites et moyennes entreprises tout comme les petites et moyennes industries : « Il va de soi que le petit industriel ne peut soutenir une guerre où il faut avant tout produire sur une échelle toujours croissante ; où il faut être non pas un petit, mais un gros industriel. »94

Les chefs de ces petites et moyennes entreprises, ainsi que des petites et moyennes industries, auront, donc, tous du mal à « sauver leur existence comme classes moyennes menacée de ruine. »95 Cela suggère clairement que les multinationales vont causer la ruine de la quasi-totalité des petites entreprises et des petites unités de production économiques et asseoir une domination sans partage sur le globe.

Il est vrai que ce procès d'expropriation et d'élimination des petits capitalistes peut être contesté en partie. En effet, contrairement aux prédictions de Marx, le monde des petites et moyennes entreprises a, tant bien que mal, continué à s'affirmer dans le jeu économique jusqu'à présent. Ces dernières évoluent dans les interstices des grands groupes pour lesquels elles travaillent à travers des relations de sous-traitance, cette forme de coopération entre les petits et les grands capitalistes que Marx n'a pas

---

[93]Karl MARX et Friedrich ENGELS, *Manifeste du Parti Communiste,* op. cit., p. 185.

[94] Karl MARX, *Travail salarié et capital,* op. cit., p. 228

[95]Karl MARX et Friedrich ENGELS, *Manifeste du Parti Communiste*, op. cit., p. 171

connue. Les nouvelles technologies de l'information renfoncent certainement leur capacité à exister à la fois à côté et en face des multinationales dans la mesure où elles leur offrent l'accès au marché mondial à moindres frais.

Mais, tout compte fait, la théorie d'expropriation et d'élimination des petits bourgeois reste d'actualité. On ne peut pas exister comme petite et moyenne entreprise aujourd'hui, si on n'investit pas sans relâche dans la recherche et l'innovation technologique. Cette exigence n'est satisfaite que par quelques petits capitalistes qui luttent âprement pour s'accrocher au train d'évolution des grands groupes qui ont de grands laboratoires de recherche et d'innovation technologique, et qui sont toujours prêts à débaucher les chercheurs les plus talentueux.

L'anéantissement de la classe bourgeoise moyenne marquera donc beaucoup la mondialisation. La révolution permanente que le capital doit s'imposer pour surmonter les obstacles à sa reproduction tendra à l'exclusion de ces capitalistes moyens, au profit des grands. Comme le dit Marx, « pour un capitaliste vivant, plusieurs capitalistes morts ».[96]

Le processus de la mondialisation du capital est bien ancré dans le procès de négation des couches moyennes de la société capitaliste amorcée au XIXe siècle : « Les couches moyennes petits industriels, marchands et rentiers, artisans et paysans, toutes ces classes sombrent dans le prolétariat. »[97] Marx et Engels donnent les raisons de la déchéance sociale de ces couches moyennes de la société capitaliste : « soit, que leur petit capital ne leur permette pas d'employer les procédés de la grande industrie et qu'ils succombent à la concurrence des

---

[96] Karl MARX cité par Rubel (M), in notes et variantes, in Œuvres I, économie I, op. cit., p. 1706.

[97] Karl MARX et Friedrich ENGELS, *Manifeste du Parti Communiste*, op. ci.t., p. 169

capitalistes plus puissants, soit que leur savoir-faire se trouve déprécié par les nouvelles méthodes de production. »[98]

La révolte récente des propriétaires des petites boutiques, contre les Hypermarchés en Inde, en est une parfaite illustration. Tout cela donne une intuition claire de ce que sera la mondialisation du capital en termes de positionnement des économies moyennes, des petites et moyennes entreprises.

Mais, ces enjeux économiques décrits se dédoublent aussi des enjeux écologiques de grande ampleur comme Marx l'avait déjà entrevu.

Une lecture écologique des œuvres d'économie politique de Marx ne paraît pas possible au premier coup d'œil. La raison essentielle de ce fait est que le sujet central qu'il traite dans ses œuvres d'économie politique est la question du prolétariat. Les différentes thématiques qu'il aborde, notamment celles de la plus-value, de l'accumulation du capital, du machinisme, du travail salarié, ont pour but de mettre en lumière l'exploitation, l'aliénation, la souffrance et la misère des prolétaires. Pour le dire en d'autres termes, Marx cherche une porte de sortie, de libération de ces prolétaires que le mode de production capitaliste a réduits au rang de bêtes de somme et que l'économie bourgeoise a ignorée dans ses analyses économiques et sociales. De ce point de vue, on ne saurait admettre une lecture écologique de ses réflexions sur la société capitaliste.

Aussi, certains propos qu'il a tenus dans les *Grundrisse,* semblent-ils interdire une lecture écologique de ses réflexions critiques sur le mode de production capitaliste. Il n'y cache pas, en effet, l'idée selon laquelle le système industriel capitaliste assure une mission civilisatrice dans le monde.

---

[98] *Id.*

« Le capital commence à créer la société bourgeoise et l'appropriation universelle de la nature et établit dans un réseau englobant tous les membres de la société : telle est la grande action civilisatrice du capital ».[99]

Et il ajoute que la société bourgeoise «… s'élève à un niveau social tel que toutes les sociétés antérieures apparaissent comme des développements purement locaux de l'humanité et comme une idolâtrie de la nature. En effet, la nature devient un pur objet pour l'homme, une chose utile. On ne la connaît plus comme une puissance ».[100]

Dans Le capital, l'on note également chez Marx la volonté de vulgariser « l'enseignement technologique ».[101] Il montre par là son attachement au progrès technique. L'on pourrait donc dire que Marx ne se soucie pas des questions écologiques dans ses critiques du procès du mode de production capitaliste.

Et pourtant, une lecture écologique de Marx est concevable et possible. En effet, dans sa volonté d'écrire une économie politique pour les prolétaires, il a aussi œuvré à mettre en lumière les lois et les tendances profondes qui déterminent le capitalisme. Autant il a mis en lumière les fortes pressions destructrices de ce mode de production sur les prolétaires, autant il a dénoncé son caractère néfaste vis-à-vis de la terre. « La production capitaliste, écrit-il, ne développe donc la technique et la combinaison du processus de production sociale qu'en épuisant en même temps, les deux sources d'où jaillit toute richesse : la terre et le travailleur ».[102]

Cette phrase de Marx est pour nous un premier indice qui montre que la thématique écologique occupe aussi une

---

[99] Karl MARX, *Grundrisse,* Paris, Anthropos, 1967, p. 366
[100]*Ibid.*
[101] Karl MARX, *Le Capital,* op. cit., p. 992
[102] Karl MARX, *Le Capital,* op. cit., p. 999

place dans le dispositif théorique marxien se rapportant à la critique du système de production capitaliste. Il est étonnant également d'observer que dès les premiers écrits, portant critique du capital et de l'économie bourgeoise, Marx affiche son naturalisme. Il conçoit l'être humain comme un être naturel, inséparable de son environnement naturel : « Dire que la vie physique et intellectuelle de l'homme est indissolublement liée à la nature ne signifie pas autre chose sinon que la nature est indissolublement liée avec elle-même, car l'homme est une partie de la nature ».[103]

Il définit aussi le communisme, cette société destinée à ses yeux à remplacer la société capitaliste, comme un humanisme qui est, en même temps, un naturalisme achevé et comme la vraie solution de l'antagonisme entre l'homme et la nature créé par le capitalisme. Grâce à l'abolition positive de la propriété privée caractéristique de la bourgeoisie moderne, la société humaine deviendra en quelque sorte « l'achèvement de l'unité essentielle de l'homme avec la nature, la vraie résurrection de la nature, le naturalisme accompli de l'homme et l'humanisme accompli de la nature ».[104]

Ces passages, même s'ils ne constituent pas un corpus écologique, annoncent déjà l'existence d'une intuition écologique forte chez Marx. Engels, avec qui il partage ses critiques de la techno-économie capitaliste, dans son ouvrage, *La dialectique de la nature*, touche plus ou moins du doigt la question écologique posée par l'existence matérielle des hommes. Il interdit, en effet, l'humanité de se vanter de ses victoires sur la nature. Il considère que « pour chacune de ces victoires, la nature se venge sur nous. Il est vrai que chaque victoire nous donne en première instance, les résultats attendus, mais en deuxième et en

[103] Karl MARX, *Manuscrits de 1844*, op. cit,, p. 180

[104] *Id,* pp. 180-181

troisième instance, elle a des effets différents, inattendus qui très souvent annulent le premier. »[105]

Et il ajoute que : « Les gens qui en Mésopotamie, Grèce, Asie Mineure et ailleurs, ont détruit les forêts pour obtenir de la terre cultivable, n'ont jamais imaginé qu'en éliminant ensemble avec les forêts, les centres de collecte et de réservoir d'humidité, ils ont jeté les bases pour l'état désolé actuel de ces pays ».[106]

Enfin, conclut-il que:

« Les faits nous rappellent qu'à chaque pas, nous ne régnons nullement sur la nature comme un conquérant règne sur un peuple étranger, comme quelqu'un qui est en dehors de la nature, mais que nous lui appartenons avec notre chair, notre sang, notre cerveau, que nous sommes dans son sein. »[107]

Ces propos d'Engels ont certes un caractère général, ils ne mettent pas singulièrement en cause ici le mode de production capitaliste, mais plutôt les civilisations en général. Cependant, ils ne constituent pas moins un argument écologique, d'une surprenante modernité, aussi bien, par sa mise en garde, contre la destruction irrationnelle des forêts que par sa recommandation pour un usage judicieux des ressources de la nature.

Marx, dans Le Capital, semble bien avoir été pénétré de ce point de vue, mais c'est au mode industriel capitaliste qu'il attribue la responsabilité de la rupture des échanges entre l'homme et la nature.

« La production capitaliste, écrit-il (...) trouble encore les échanges organiques entre l'homme et la terre, en rendant de plus en plus difficile, la restitution de ses éléments de fertilité, des ingrédients chimiques qui lui sont

---

[105] Friedrich ENGELS, *La dialectique de la nature,* Paris, éd. Sociales, 1968, p.180

[106] *Id.,* pp. 180-181

[107] *Ibid* .

enlevés et usés sous forme d'aliments, de vêtements, etc. »[108]

Ce que l'on note dans ces propos, c'est une sorte de théorie de la rupture entre l'homme et la nature comme résultat du productivisme du système industriel du capital. Cette analyse de Marx part des travaux du chimiste et agronome allemand, Liebig à qui il rend cet hommage :

« C'est un des mérites immortels de Liebig d'avoir fait ressortir amplement le côté négatif de l'agriculture moderne au point de vue scientifique. Ses aperçus historiques sur le développement de l'agriculture, quoiqu'entachés d'erreurs grossières, éclairent plus d'une question. »[109]

L'attention de Marx se concentre, comme on peut bien le noter, sur l'agriculture et le problème de la dévastation des sols, mais il rattache cette question à un contexte bien précis : la rupture dans le système des échanges matériels entre la société capitaliste industrielle et l'environnement naturel. Il met en relief le rôle de la coopération entre industrie et agriculture dans ce processus de rupture, et l'extension des dégâts environnementaux à cause du commerce international à une échelle globale. Ainsi pouvons-nous lire dans Le Capital ceci :

« La grande industrie et la grande agriculture industrialisée agissent en commun. (…) Ils joignent leurs efforts, dans la mesure où le système industriel dans les campagnes affaiblit aussi le travailleur, tandis que l'industrie et le commerce fournissent à l'agriculture, les moyens pour l'épuisement du sol. »[110]

L'exploitation et la destruction des travailleurs et de la nature sont ici mises en parallèle comme résultat de la même logique prédatrice, celle de la grande industrie et de

---

[108]Karl MARX, *Le Capital,* op. cit., pp. 997-998

[109]Karl MARX, *Le Capital,* op. cit., pp.998-999

[110]*Id.*

l'agriculture capitaliste. Ce parallélisme est récurrent dans *Le Capital.*

Dans le chapitre sur la journée de travail, l'on peut lire, en effet, ceci : « La même cupidité aveugle qui épuise le sol, attaquait jusqu'à sa racine la force vitale de la nation »[111] Et il ajoute, avec l'éloquence qu'on lui reconnaît, que « dans sa passion aveugle et démesurée, dans sa gloutonnerie de travail extra, le capital dépasse non seulement les limites morales, mais encore les limites physiologiques extrêmes, de la journée de travail (…). Et il atteint son but en abrégeant la vie du travailleur, de même qu'un agriculteur avide de gain obtient de son sol un plus fort rendement en épuisant sa fertilité ».[112]

Cette identité remarquable entre exploitation du prolétariat et celle de la terre, ouvre le champ d'une réflexion sur l'articulation entre la lutte pour la dignité du travailleur et celle pour la préservation de l'environnement naturel, dans un seul et même combat contre la domination destructrice du capital. Il apparaît clairement donc qu'il est impossible de réfléchir sur les questions écologiques, à la mesure des défis contemporains, sans prendre en compte la critique de Marx contre le système de production capitaliste dont il met en lumière la logique prédatrice induite par l'accumulation illimitée du capital.

Ce qu'il faut surtout souligner ici, c'est que Marx inscrit la problématique écologique dans les questions globales du développement durable que la production capitaliste soulève. Depuis Smith, l'économie politique n'avait retenu que, seul le travail est la source des richesses des nations. Dans son ouvrage, *Recherche sur la nature et les causes de la richesse des nations,* Smith prend le contre-pied des physiocrates. Ceux-ci, en effet, ont proclamé que la seule source des richesses des nations

---

[111] *Ibid,* p. 795.

[112] *Ibid.*

était la nature et par conséquent, l'agriculture qui fournit à l'homme les fruits de la nature.

Chez les physiocrates donc, la nature est au centre de la production des richesses et donc de l'économie. C'est contre cette idée que Smith va établir son économie politique en affirmant que c'est le travail qui est la source de la richesse des nations. Il fut l'économiste de la période de la manufacture. Aussi, voyait-il la cause de l'augmentation de la productivité du travail, dans la division du travail. Il met donc en l'honneur le travail, dans la production de la richesse sociale. Ce qui constitue un pas en avant dans l'analyse scientifique du mode de production capitaliste.

Marx a exploité cet acquis, en partant surtout de Ricardo comme indiqué plus haut, pour bâtir son économie politique du prolétariat où il a démontré que c'est le surtravail de celui-ci qui permet la reproduction du capital, à travers la production de la plus-value. Mais s'il reconnaît que le travail produit la richesse sociale, il ne partage pas l'idée selon laquelle le travail est la seule source de cette richesse sociale. En d'autres termes, le travail seul ne peut pas créer la richesse, il lui faut associer autre chose que lui-même. Cette autre chose c'est la nature extérieure, notamment la terre. Marx voit alors que celle-ci est la seconde cause de la richesse sociale. Il y a donc « deux sources d'où jaillit toute richesse : la terre et le travailleur. »[113]

Ainsi, contre le Programme de Gotha qui affirme que « le travail est la source de toute richesse et de toute culture » Marx soutient ceci :

« Le travail n'est pas la source de toute richesse. La nature est tout autant la source des valeurs d'usage (...) que le travail, qui n'est lui-même que l'expression d'une force naturelle, la force de l'homme. Cette phrase rebattue

---

[113] Karl MARX, *op., cit.*

se trouve dans les abécédaires, et elle n'est vraie qu'à la condition de sous -entendre que le travail est antérieur, avec tous les objets et procédés qui l'accompagnent. »[114]

Et, il renchérit : « Mais un programme socialiste ne saurait permettre à cette phraséologie bourgeoise de passer sous silence les conditions qui seules, peuvent lui donner un sens ». [115]

Cette mise au point que Marx opère suggère clairement que pour produire durablement de la richesse, la société doit ménager la terre et le travailleur. Si ses commentateurs ont largement souligné le rôle que ses thèses assignent au travailleur dans la production de la richesse, son analyse du rôle de la nature dans ce procès de production est restée longtemps ignorée.

Dans les *Manuscrits de 1844,* déjà, Marx souligne que la nature est un moyen de subsistance immédiat. Elle constitue également la matière, l'objet et l'outil du travail en tant qu'activité vitale. L'homme, de ce fait, ne vit que des produits de la nature extérieure, qu'ils apparaissent sous forme de nourriture, de chauffage, de vêtements, d'habitation, de moyens de production, etc.

La nature extérieure, en effet, est chez Marx la base matérielle du travail sans laquelle l'homme ne peut produire. D'elle, il tire ses moyens de production. Elle fournit également les matières premières qui servent d'objet de travail. Le travail ne peut alors être opératoire, productif sans cette nature, d'où celle-ci est le corps non organique de l'homme « avec lequel il doit rester constamment en contact pour ne pas mourir ».[116]

Il est donc clair, chez lui, que le dogme de l'économie politique classique bourgeoise qui fait du travail l'unique source de la richesse baigne dans une demi-vérité. Le

---

[114]*Ibid.*

[115]*Id.,* p. 41

[116]Karl MARX, *Manuscrits de 1844*, op cit., p. 114

travail, pour créer de la richesse a besoin de la nature pour lui fournir les matières et les outils du travail. Autrement dit, la richesse sociale vient au monde par le contact entre la nature extérieure et le travailleur. Dans l'ordre de citations faites par Marx, à savoir « la terre et le travailleur », on peut comprendre que la nature est la condition première de la production de la richesse. Ainsi, pour Marx, une exploitation économique, pour être durable, doit tenir compte aussi de la nature. On découvre alors chez lui, une grande intuition en ce qui concerne le développement durable. L'exemple le plus frappant qu'il prend est celui de l'agro-industrie. « Chaque progrès de l'industrie capitaliste, écrit-il, est un progrès non seulement dans l'art d'exploiter le travailleur, mais encore dans l'art de dépouiller le sol, chaque progrès dans l'art d'accroître sa fertilité pour un temps, est un progrès dans la ruine de ses sources durables de fertilité. »[117]

Il pointe particulièrement du doigt les États-Unis dont il juge le progrès technoéconomique nuisible à l'environnement : « plus un pays, les États-Unis du nord de l'Amérique, par exemple, se développe sur la base de la grande industrie, plus ce procès de destruction s'accomplit rapidement. »[118]

Marx indique bien ici que le mode de production capitaliste est une menace pour le développement durable. En faisant du travail la seule et unique source de la richesse sociale, elle ne se soucie pas de la préservation de la base matérielle de toutes richesses sociales qu'est la nature. Ainsi, la prédation des ressources naturelles semble être sans limites. L'extension et le développement de la société capitaliste appellent sans cesse la consommation, la prédation de la nature extérieure. La machine, en effet, comme le dit Marx, boit, mange. Et, ce

---

[117] Karl MARX, *Le Capital*, op. cit., p. 998

[118]*Id,*

qu'elle boit et mange dans le procès de production, c'est la nature, du moins les ressources naturelles, qu'elles soient énergétiques, minières ou végétales.

La logique prédatrice des ressources naturelles par le système de production capitaliste est due à la production de la plus-value sur laquelle Marx a beaucoup épilogué dans *Le Capital*. En effet, la production de la plus-value, notamment la plus-value relative, exige une sollicitation intensive de la mécanisation de la production industrielle et agricole. Produire le maximum de marchandises au prix le plus bas pour en tirer le maximum de profits est le défi que la production de la plus-value relative cherche sans cesse à relever. Et relever ce défi va de pair avec une exploitation accrue non seulement de la force de travail, mais aussi des ressources de la nature. Celles-ci sont utilisées à la fois comme matières premières et sources d'énergie.

De ce fait, l'exploitation capitaliste acquiert de l'élasticité et une faculté de s'étendre de façon extraordinaire, quand, en plus du marché, les ressources naturelles existent en abondance. Il en résulte que le développement durable de l'économie capitaliste dépend, comme Marx le dit, « de la matière première et du débouché ».[119]

Il s'ensuit que la mondialisation du système industriel du capital, telle qu'elle est en marche, va provoquer une sollicitation des ressources naturelles à une échelle grandissime. Il s'agit des matières premières végétales, minières et énergétiques. Déjà la course au pétrole et aux métaux précieux intervenant dans la production des marchandises des nouvelles technologies se fait de plus en plus serrée entre les capitalistes. L'ampleur grandissante de toutes ces sollicitations fait planer une sérieuse menace sur la nature et donc sur les équilibres environnementaux.

---

[119] Karl MARX, *Le Capital,* op. cit. p. 1297.

La déforestation massive de plusieurs zones du globe pour l'extension des agro-industries, ainsi que des industries du papier, a déjà jeté les bases d'une perturbation du système écologique mondial. Elle accroît, en effet, les risques de réchauffement climatique dans le monde ainsi que de la disparition de plusieurs espèces végétales et animales.

L'intense activité fiévreuse dans le système industriel mondial, en raison de la grande concurrence entre les capitalistes, et la reconfiguration du marché mondial, va épuiser les ressources énergétiques mondiales, notamment le pétrole et le gaz. Les accidents technologiques qui accompagnent leur exploitation nuisent aussi à la survie et à la reproduction des espèces animales et des ressources halieutiques.

Il ressort de ce qui précède que ce sont les piliers fondamentaux mêmes de la production de richesse sociale et de la vie sur la terre que la mondialisation du système de production capitaliste va détruire. Il est vrai que les capitalistes prennent conscience aujourd'hui qu'il faut intégrer au programme de production économique la gestion rationnelle et raisonnable de la nature extérieure et des écosystèmes, mais ils traduisent difficilement dans les faits leur préservation.

Déjà, les conséquences de la dynamique de prédation des ressources naturelles, accélérées par la mondialisation se font sentir comme le souligne Jean-Marie Harribey :

« Le XXe siècle s'achève sur fond de crise mondiale : le mode de production capitaliste s'est étendu à la terre. (…) mais sans doute pour la première fois de son histoire, il produit deux dégradations majeures simultanées. La première est d'ordre social (…). La deuxième dégradation majeure concerne la nature et les écosystèmes gravement atteints. »[120]

S'il a été démontré que la mondialisation va entraîner de graves contradictions économiques doublées de questions écologiques, il ne se fait point de doute qu'elle va soulever aussi de grandes préoccupations d'ordre social et humain.

2. C- Marx et les enjeux sociaux et humains de la mondialisation du capital

L'un des enjeux sociaux majeurs de la mondialisation est la dépréciation et l'appauvrissement du travail. La première cause de la dépréciation certaine du travail, dans le contexte de la critique marxienne du capitalisme, est la concurrence cosmopolite entre les travailleurs. La mondialisation, comme il a été indiqué un peu plus haut, se caractérise par une reconfiguration du monde qui se traduit par la dénationalisation des économies, des marchés. Cette reconfiguration vise avant tout la libre circulation du capital et du travail.

Par cette nouvelle orientation des économies, les capitalistes affichent leur refus de s'enfermer dans les limites fixes d'un territoire et d'une population. Ils traduisent ainsi leur volonté de s'installer partout sur le globe et de recruter le travail là où ils l'estiment productif, avantageux dans le cadre de la production de la plus-value. C'est ainsi qu'ils mettent en compétition tous les travailleurs du globe. Dans cette compétition cosmopolite, le référentiel de la mesure de la valeur du travail sera les travailleurs les moins-disant d'un coin du globe. Ils deviendront pour les capitalistes une mesure pour évaluer

[120] Jean –Mari HARRIBEY, in *Dictionnaire Marx contemporain,* Paris, P.U.F., 2001, p. 183

le prix du travail sur l'ensemble du globe. Marx dénonce cette « concurrence cosmopolite dans laquelle le développement de la production capitaliste a jeté tous les travailleurs du globe. Il ne s'agit plus seulement de réduire les salaires anglais au niveau de ceux de l'Europe continentale, mais de faire descendre dans un avenir plus ou moins prochain, le niveau européen au niveau chinois. »[121]

Il prend à témoin un parlementaire anglais d'alors, Stapledon qui soutient que : « Si la Chine devient un grand pays manufacturier, je ne vois pas comment la population industrielle de l'Europe saurait soutenir la lutte sans descendre au niveau de ses concurrents. »[122]

Comme on peut bien le voir, Marx nous offre une grande intuition de l'état à venir du travail en termes de valeur, de prix. En effet, sa critique du mode de production capitaliste ne se limite pas à faire le procès du fonctionnement du capital du XIXe siècle. C'est tout le fonctionnement global du capitalisme qu'il cherche à appréhender. Et il s'est, de façon spéciale, intéressé à l'avenir du travail dans ce système. Le constat est sans appel : le travail connaîtra une dépréciation sans précédent avec la globalisation du mode de production capitaliste en raison de la concurrence cosmopolite.

Évidemment, dans ses propos rapportés plus haut, Marx montre que les travailleurs qui sortiront plus malheureux de ce jeu de concurrence cosmopolite que va créer la mondialisation, ce sont, semble-t-il, ceux de l'Europe occidentale.

En effet, ces travailleurs européens, après les intenses luttes syndicales menées pour la valorisation de leur force de travail, avaient obtenu un certain nombre de

[121] Karl MARX, *Le Capital,* op. cit., p. 1106

[122] STAPLEDON, cité par Karl MARX, in *Le Capital,* op. cit., p. 1107.

prérogatives sociales. Il s'agit notamment de la réduction du temps de travail et d'autres droits sociaux. Les capitalistes qui étaient encore prisonniers des limites territoriales et humaines en termes de mains-d'œuvre qualifiées semblaient être vaincus par les travailleurs, mais aujourd'hui, avec la déterritorialisation opérée par la mondialisation, ils peuvent délocaliser leurs entreprises pour échapper à toutes prétentions salariales. Ainsi, dans la perspective de la dénationalisation de leurs activités, les capitalistes tentent de renégocier la valeur du travail sur les marchés européens. Ils veulent désormais discuter le prix de la force de travail européenne en référence aux zones de production les moins cher du globe, notamment, par rapport au prix de la force de travail chinoise

On voit donc se dessiner la chute des illusions de bien-être social et humain dans lesquelles les salariés occidentaux avaient vécu depuis la fin de la Seconde Guerre mondiale. On ne peut plus soutenir que les vues de Marx sur la baisse tendancielle des salaires et la paupérisation relative des salariés sont fausses. En effet, les capitalistes qui semblent bien avoir pris en main l'autonomie de gestion du salariat dans le contexte de la mondialisation du capital, exigent aujourd'hui plus de flexibilité aux travailleurs. Il s'agit là d'un euphémisme qui couvre l'idée crue du processus de précarisation de la force de travail dont sera progressivement victime la classe laborieuse occidentale.

Toute résistance à la flexibilité du travail devient de plus en plus impossible de peur de voir le capital déposer ses valises ailleurs. On connaît aujourd'hui la préférence des capitalistes pour l'Asie, notamment, la Chine au détriment de l'espace européen, leur terre d'origine. La main-d'œuvre chinoise, en effet, coûte moins cher sur le marché mondial du travail où elle entre en compétition avec la main-d'œuvre européenne qui désormais, se révèle trop cher pour le capital.

La standardisation des programmes d'enseignement et de formation dans le monde à travers le référentiel LMD, va sûrement aider le capital à réussir ce nomadisme à travers le globe, parce qu'elle va lui fournir la main-d'œuvre bien qualifiée partout où il voudra s'installer selon la conjoncture. Le système LMD n'est donc pas neutre, il est conçu pour intégrer les stratégies de reproduction du capital à l'échelle mondiale. Il aidera les capitalistes à échapper à la pression des travailleurs occidentaux, naguère mieux formés que ceux du reste du monde, pour s'installer dans les zones du monde où règne l'absence ou le desserrement des contraintes liées à la dignité et aux mieux-être des travailleurs.

On pourrait, alors, assister à un phénomène de désindustrialisation de certaines parties du globe, initialement pourvues en industries au profit d'autres zones où la tradition industrielle commence à peine à naître. Le mouvement de désindustrialisation des anciens foyers industriels, d'une part, et celui de l'industrialisation de nouvelles parties du globe, d'autre part, pourraient ainsi accompagner la mondialisation et changer la physionomie de la relation du travail et du capital en Occident.

Par ailleurs, quand on se réfère à la démonstration que Marx a faite sur la détermination du prix d'une marchandise, dans *Travail salarié et capital,* on peut affirmer qu'avec la mondialisation les effets d'éviction seront récurrents sur le marché du travail dans le monde. Ce sont certes les travailleurs européens qui sont victimes aujourd'hui de ce phénomène, mais à mesure que le procès de mondialisation gagnera en maturité, tous les travailleurs du globe seront pris dans ce jeu dangereux de la concurrence cosmopolite que le capital est en train d'instaurer dans le monde.

Marx, en fait, affirme que « la concurrence qui détermine le prix d'une marchandise est triple ».[123] La première concurrence est celle qui se fait entre les vendeurs d'une même marchandise, en termes de qualité égale. « La qualité étant égale, celui qui vend à meilleur marché est certain d'évincer les autres vendeurs et de s'assurer le plus gros débit. »[124]

Il existe également une concurrence entre les acheteurs. Cette concurrence quant à elle fait « monter le prix des marchandises ».[125]La dernière concurrence, elle se produit entre les vendeurs et les acheteurs. Ces derniers cherchent à acheter au plus bas prix, tandis que les premiers désirent vendre le plus cher possible. « Le résultat de cette concurrence entre vendeurs et acheteurs dépendra du comportement des deux parties : il change suivant que la concurrence intérieure est plus forte dans le camp des acheteurs ou dans celui des vendeurs [...]. L'armée la moins affaiblie par les bagarres intestines remportera la victoire. »[126]

Dans cette triple concurrence, seules deux peuvent s'appliquer au marché du travail, d'autant plus que la concurrence entre acheteurs du travail est rarissime, en raison du fait que sur le marché du travail, « l'offre excède considérablement la demande. »[127]

De ce fait, dans le contexte de la mondialisation, on va assister à une affreuse concurrence entre les travailleurs eux-mêmes, d'une part, et, d'autre part, entre eux et le capital qui les achète. Pour évincer leurs concurrents, des travailleurs d'une région donnée vont vendre moins cher leur force de travail par rapport à leurs voisins dans

---

[123]Karl MARX, *Travail salarié et capital,* op. cit., p. 206
[124]*Ibid*
[125]*Id*, pp. 206-207
[126]Karl MARX, *Travail salarié et capital,* op, cit., p. 206. 206-207
[127]*Ibid.*

le monde. C'est au prix de cette concurrence avilissante que les travailleurs du monde entier vont désormais s'attirer la bienveillance des capitalistes. Les pouvoirs publics vont légaliser ces pratiques en modifiant régulièrement le droit du travail dans le sens d'une flexibilité qui annule les acquis sociaux des deux siècles passés. On peut donc voir dans un avenir proche, naître une grande émulation à l'échelle mondiale entre les travailleurs. Cette concurrence malsaine se fera autour de ce référentiel : c'est qui vendra ses compétences, sa force de travail au prix le plus bas possible ?

Le capital, désormais en position de force, va s'opposer à toute revendication portant sur l'amélioration du prix de la force de travail. Les capitalistes parleront tous d'une même voix devant les travailleurs dont « l'armée » sera « affaiblie par les bagarres intestines ». Leur prétention vis-à-vis de la classe laborieuse sera désormais sans limites. Ce qui signifie qu'ils déprécieront sans cesse le travail, de sorte que le salaire ne représentera plus rien pour assurer l'entretien et les divers besoins sociaux du travailleur.

Les nouvelles technologies de l'information vont beaucoup contribuer à cette dynamique de dépréciation du travail qui menace l'avenir des salariés dans le contexte de la mondialisation. Marx, il est vrai, n'a pas connu l'ère des nouvelles technologies de l'information et de la communication, mais il avait pleinement conscience du progrès irréversible des technologies qui allait changer, et remodeler la géographie du monde au profit du capital. Il a vu apparaître sous ses yeux les « chemins de fer » ainsi que le « télégraphe électrique ». Il s'est extasié devant l'expérience de Deprez dans le domaine de l'électricité à Munich. Il dit ceci : « il y a déjà presque un an que Longuet m'a promis de me procurer des travaux de Deprez, particulièrement pour démontrer que l'électricité permet le transport de l'énergie à grande distance, moyennant un simple fil télégraphique ».[128]

Il fut donc témoin de ce que l'on appelle la *« deuxième révolution industrielle ».* Et il était convaincu que le processus allait évoluer irréversiblement vers la mise en place de plusieurs vagues d'innovations beaucoup plus puissantes, pour la raison que la société capitaliste ne peut exister sans révolutionner constamment les instruments de production et de circulation de ses richesses. Il savait que les si puissants moyens de production et de communication déjà existants à son époque, connaîtraient sans nul doute de grandes révolutions. Citant Montanari, Marx montre à quel point il est conscient que le développement de la communication transformerait le globe en une seule et même ville : « les communications des peuples entre eux sont si étendues sur tout le globe terrestre que l'on peut quasiment dire que le monde entier est une seule ville. »[129]

Les nouvelles technologies de l'information et de la communication qui ont fait du monde une seule et même ville facilitent aujourd'hui la concurrence cosmopolite du travail.

Michel Hardt et Antonio Negri expriment clairement cette idée :

« La révolution de l'ordinateur et de l'information, écrivent-ils, qui a permis de relier différents groupes de mains-d'œuvre en temps réel à travers le monde a conduit à de sauvages compétitions entre les travailleurs ».[130]

De ce fait les technologies de l'information se révèlent comme une arme qui aide à l'affaiblissement des « résistances structurelles de la main-d'œuvre, à la fois sur

---

[128] Karl MARX, in *Notes et variantes* de Maximilien RUBEL, in Karl Marx, Œuvres I, économie I, op. ct., p. 1668.

[129] MONTANARI, *op, cit.*

[130] Michael HARDT et Antonio NEGRI, *Empire,* op. cit.. p. 409

la rigueur des structures salariales et sur les différences culturelles et géographiques. Le capital a ainsi été capable d'imposer la flexibilité temporelle et la mobilité spatiale ».[131]

Et poursuivant leur analyse, ils ajoutent « qu'il doit être clair que ce processus d'affaiblissement des résistances et de rigidité de la main-d'œuvre est devenu un processus entièrement politique, orienté vers une forme de gestion qui maximise le profit économique [...]. La politique impériale du travail est fondamentalement calculée pour abaisser le coût de celui-ci ».[132]

Une autre cause de dépréciation de la force de travail chez Marx est l'innovation technologique dans le procès de production. Le chapitre sur le machinisme dans *Le Capital,* a beaucoup insisté sur la dévalorisation du travail par les machines et leur perfectionnement. Au XIXe siècle déjà, celles-ci constituaient l'un des principaux facteurs de l'altération du contrat de travail, car elles servaient de moyens aux capitalistes de créer de la surpopulation ouvrière.

En effet, pour déjouer la concurrence ravageuse qui règne entre eux, les capitalistes multiplient « les procédés de division du travail, les machines nouvelles et plus coûteuses ».[133] Cette guerre industrielle qu'ils se livrent pour assurer la reproduction du capital ne peut être remportée qu'en réduisant le nombre de travailleurs que le capital emploie.

« Nous avons dessiné, écrit Marx, en quelques traits, la guerre industrielle que se livrent les capitalistes. Cette guerre a ceci de particulier qu'elle ne se gagne pas en recrutant, mais en congédiant les armées de travailleurs.

---

[131] *Id.*

[132] *Ibid.*

[133] Karl MARX, *Travail salarié et capital,* op. cit., p. 225

Entre les généraux de l'industrie, les capitalistes, c'est à qui pourra congédier le plus de soldats. »[134]

La mondialisation qui porte la guerre industrielle et commerciale à un niveau très élevé va imposer aux capitalistes la nécessité de révolutionner de façon permanente les moyens de production, comme nous l'avons déjà souligné. Cette révolution permanente se réfléchira nécessairement dans l'organisation du travail. Comme, « avec l'invention d'un nouvel engin de guerre, l'arme à feu, toute l'organisation interne de l'armée s'est nécessairement trouvée modifiée »,[135] de même, avec l'invention de nouvelles générations de moyens de production, l'organisation du travail se trouve chaque fois modifiée.

De ce fait, dans le contexte de la mondialisation, l'organisation du travail connaîtra des modifications permanentes et très rapides. Et ces modifications vont sans cesse tendre vers une économie du travail. Il s'agira, en effet, de réduire le travail vivant qu'est le salariat, au profit du travail mort, c'est-à-dire les machines et autres systèmes technologiques de production. L'invention des machines intelligentes qui s'accroît de nos jours semble bien répondre à cette stratégie. Par ce mécanisme, les capitalistes augmentent la masse des produits dans lesquels la plus-value« se réalise ».[136]

Toute l'histoire du capitalisme est, en fait, l'histoire d'un prodigieux développement de la productivité du capital, par le biais du développement de la technologie. Et, la mondialisation sacrifiera à cette tradition avec un développement très accru des moyens de production intelligents. Ce développement très prononcé des moyens de production, déjà se fait sentir avec l'introduction des

---

[134]*Ibid,*

[135] Karl MARX, *Le Capital*, op. cit., p. 975

[136] *Id.*

machines de plus en plus perfectionnées dans le procès de production, permettant ainsi de produire et d'écouler plus massivement des produits en des temps deux, trois, quatre ou cinq fois inférieurs au temps socialement nécessaire dans le passé.

Pour parler en termes plus clairs, les exigences de la mondialisation, en matière de production des marchandises, vont pousser la technologie à nier constamment ses propres limites productives, dans le sens de l'accroissement de la productivité. Ainsi, la technologie moderne peut s'écrier avec Mirabeau : « impossible ! Ne me dites jamais cet imbécile de mot ».[137]

La célérité particulière que la mondialisation va imprimer à cette marche dialectique de la technologie dans le procès de production des marchandises, va alors rabaisser la valeur du travail dans le monde. Chaque nouvelle génération de technologie entraînera la déqualification d'un grand nombre de travailleurs. De ce fait, leur valeur marchande va chuter, car sur le marché du travail, ils n'auront droit qu'aux emplois très peu rémunérés. En outre, les nouveaux travailleurs que le capital va employer à la faveur de la nouvelle technologie en vigueur seront en nombre limité d'autant plus qu'il s'agira de faire l'économie des frais de production par la réduction des marges de manœuvre du travail.

Marx démontre de ce point de vue que la mondialisation du capital, caractérisée par la guerre industrielle et commerciale entre capitalistes, ne peut pas profiter aux salariés. Bien au contraire, elle va consacrer leur dévalorisation, leur précarité, car c'est à ce prix que se réalise le procès de l'accumulation du capital : « Toutes les méthodes, écrit-il, qui aident à la production de la plus-value, favorisent également l'accumulation et toute extension de celle-ci appelle à son tour celle-là. Il en

[137] MIRABEAU cité par Karl MARX, in *Le Capital*, op. cit. p. 975

résulte que, quel que soit le taux des salaires, haut ou bas, la condition du travailleur doit s'empirer à mesure que le capital s'accumule. »[138]

Marx a toujours soupçonné l'emploi capitaliste des progrès technologiques de nier la valeur du travail. L'exemple du machinisme l'illustre bien : « le machinisme, écrit-il, bouleversa tellement le rapport juridique entre l'acheteur et le vendeur de la force de travail que la transaction entière perdit même l'apparence d'un contrat entre personnes libres. »[139]

Le progrès de la technologie dans le procès de production capitaliste est pour lui, un moyen pour le capital de s'affranchir de toutes les conditions gênantes du travail : « Enfin, les capitalistes cherchent à s'affranchir de cet esclavage insupportable (c'est-à-dire des conditions gênantes du contrat de travail), en s'aidant des ressources de la science (…). Dans tous les grands établissements, aujourd'hui il y a des machines à quatre et à cinq couleurs, qui rendent l'impression en calicot un procédé expéditif et infaillible ».[140]

Il ne sera pas étonnant de constater l'extrême précarité des contrats de travail dans le processus de mondialisation en raison de la sollicitation excessive de la technologie dans le processus de production.

Le chômage massif de la population active sera le point culminant de cette situation. Les travailleurs ne souffriront pas seulement du dépérissement de leur salaire, mais comme on le constate, ils souffriront aussi de leur exclusion du champ de production du capital. Autrement dit, la concurrence cosmopolite et l'usage massif de la technologie dans la production ne se limiteront pas à la dépréciation du prix de la force de travail. Ils aggraveront

---

[138] Karl MARX, *Le Capital,* op. cit., p. 1163

[139]*Ibid,*

[140] Andrew URE, cité par Karl MARX, in *Le Capital,* op. cit., p. 1293.

le chômage sur l'ensemble du globe à travers, surtout, le phénomène de l'expropriation capitaliste.

La théorie de l'expropriation est, chez Marx, une catégorie fondamentale qui permet de rendre compte de la loi du développement même du système industriel du capital.

« Ce qui gît au cœur de l'accumulation primitive du capital, au fond de sa genèse historique, c'est l'expropriation du propriétaire immédiat, c'est la dissolution de la propriété fondée sur le travail personnel de son possesseur ».[141]

Un peu plus loin, il ajoute ceci :

« Son mouvement éliminateur transformant les moyens de production individuels et épars en moyen de production socialement concentré, faisant de la propriété naine du grand nombre, la propriété colossale de quelques-uns, cette douloureuse, cette épouvantable expropriation du peuple travailleur, voilà les origines, voilà la genèse du capital ».[142]

Comme à son origine, le capital va créer, au cours du processus de la mondialisation, un grand mouvement d'expropriation. Cette expropriation originelle se produira surtout dans les parties du globe, notamment en Afrique et en Asie du Sud-est où la propriété fondée sur le travail personnel reste encore prépondérante.

Mais, cette dynamique d'expropriation, au fur et à mesure que la mondialisation gagnera en maturité à travers tout le globe, « va revêtir une nouvelle forme. Ce qui est maintenant à exproprier, ce n'est plus le travailleur indépendant, mais le capitaliste, le chef d'une armée ou d'une escouade de salariés. »[143]

---

[141] Karl MARX, *Le Capital*, op. cit, p. 1163.
[142]*Id*., p. 1237
[143] Andrew URE, cité par Karl MARX, in *Le Capital,* op. cit., p. 1293

L'expropriation est bien une loi immanente du système industriel du capital qui vise toujours la concentration des capitaux. Et, corrélativement à ce procès d'expropriation du grand nombre de capitalistes par le petit, se développera le chômage. En effet, les chefs capitalistes qui sont chaque fois expropriés sont chacun « le chef d'une armée ou d'une escouade de salariés ». Ceux-ci sont alors entraînés dans la chute de ces capitalistes.

En clair donc, la mondialisation, en tant qu'elle va favoriser l'expropriation à grande échelle « du grand nombre de capitalistes par le petit », provoquera sans nul doute une forte montée du chômage. Le phénomène d'expropriation capitaliste crée une surpopulation de travailleurs, puisque, « à mesure que diminue le nombre de potentats du capital qui usurpent et monopolisent tous les avantages de cette période d'évolution sociale »,[144] les capacités du capital d'absorber le travail diminuent corrélativement. Les *« mégasfactories »* qui tirent profit du procès de l'expropriation capitaliste ne peuvent survivre qu'en congédiant des travailleurs, en surveillant de façon très rationnelle leurs effectifs.

Autrement dit, leur stratégie gagnante consiste à supprimer des postes, des emplois, et à charger un petit nombre de travailleurs de la besogne du plus grand nombre de personnes congédiées. Cela est bien entendu, soutenu par l'introduction des machines intelligentes de plus en plus perfectionnées dans les procès de production, permettant ainsi d'optimiser la production. L'explosion du chômage sera donc un des enjeux sociaux et humains majeurs de la mondialisation, au regard des analyses que Marx fait de l'expansion du système de production capitaliste.

---

[144] Louis ALTHUSSER, *Avertissement,* in MARX, Le capital, Livre I, op. cit, p. 14

Mais, en même temps que la majorité de la population active sera au chômage, le petit nombre de travailleurs que le capital va employer sera soumis au surtravail. Ainsi, la notion de densification du travail telle que développée par Marx dans *Le Capital,* trouve aujourd'hui, plus qu'hier, un cadre de validation empirique.

Pour produire la plus-value, la classe capitaliste procédait à l'augmentation de la journée de travail. La lutte de la classe ouvrière a dû arracher aux capitalistes une réduction de la journée de travail, en s'opposant à cette prolongation. Comme le souligne Althusser : « historiquement on connaît les étapes de cette lutte ; journée de 12 heures, 10 heures, puis de 8 heures ».[145]

La réaction des capitalistes face à la réduction de la journée de travail fut d'imaginer un mécanisme leur permettant de gagner en efficacité ce qu'ils perdaient en durée.

« Dès que la révolte grandissante de la classe ouvrière, écrit Marx, força l'État à imposer une journée normale, (...), le capital se jeta avec toute son énergie et en pleine conscience sur la production de la plus-value relative au moyen du développement accéléré du système mécanique. »[146]

Ce mécanisme, en effet, est l'intensification de la mécanisation de la production. Il « contraint l'ouvrier [...] à dépenser, au moyen d'une tension supérieure, plus d'activité dans le même temps, à resserrer les pores de sa journée et à condenser ainsi le travail à un degré qu'il ne saurait atteindre sans ce raccourcissement. »[147]

On pourrait dire que, depuis que les luttes de la classe ouvrière ont par les grèves arrachées aux capitalistes la

---

[145] Louis ALTHUSSER, *Avertissement,* in MARX, Le capital, Livre I, op. cit., p. 14

[146] Karl MARX, *Le Capital,* op. cit., p. 950

[147] *Ibid.,*

réduction de la journée de travail, l'histoire du système production capitaliste est devenue l'histoire d'une prodigieuse densification du travail, à travers le développement de la technologie. Il est donc clair que la mondialisation, entant qu'elle invite les capitalistes à davantage miser sur le développement de la technologie productive et l'économie des frais de production, va contraindre le travailleur à se dépenser plus et « à resserrer les pores de sa journée » de travail. On va ainsi assister à une sollicitation immorale du travailleur, dans le procès de production.

Mais s'il est vrai que Marx annonce l'irréversibilité de la densification du travail dans le système de production capitaliste, force est de noter aussi qu'il ne dit pas que le travail extensif prendra définitivement fin. Bien au contraire, il maintient l'idée selon laquelle le capital est une sorte de vampire qui est avide de travail gratuit. Ce qui veut dire qu'à côté de l'intensification du travail, on peut voir encore se développer subtilement le travail extensif. Comme Marx le souligne : « dès lors, on commence à évaluer la grandeur du travail, doublement, d'après sa durée ou son extension et d'après son degré d'intensité, c'est-à-dire la masse qui est comprimée dans un espace de temps donné, une heure par exemple ».[148]

Aujourd'hui, à côté de l'intensité du travail qui est de règle dans les entreprises capitalistes, le travail extensif revient au galop. Il est consacré par cette formule qui est en passe de devenir une loi dans le royaume de la production : « travailler plus pour gagner plus ». Pour surmonter les écueils de la précarité des salaires, certaines catégories de travailleurs sont tentées, de plus en plus, de se soumettre au règne du travail extensif.

La mondialisation qui est avant tout une guerre de productivité des marchandises va jouer sur ces deux

---

[148] Karl MARX, *Le Capital*, op. cit.

registres du travail, selon les catégories de travailleurs. C'est alors une ère de surexploitation des travailleurs qui s'ouvre avec la mondialisation du capital. Déjà dans les *Manuscrits de 1844,* Marx dénonce le caractère nuisible du travail dans ce mode de production :

« Selon moi, écrit-il, le travail est lui-même nuisible et funeste non seulement dans les conditions présentes, mais en général, dans la mesure où son but est le simple accroissement de la production de la richesse ».[149]

Dans Le Capital, il écrit : « la facilité même du travail devient une torture en ce sens que la machine ne délivre pas l'ouvrier du travail, mais dépouille le travail de son intérêt ».[150]

L'on doit donc s'attendre à voir une reproduction plus accrue de ce travestissement du travail dans le cadre de la mondialisation, en raison de l'accélération croissante du rythme technologique et économique. Marx affirmait que le travailleur ne se sentait libre et devenait maître de son existence une fois qu'il était rentré chez lui. Mais, aujourd'hui cette marge de liberté est en train d'être niée et d'être détruite. En effet, avec le développement des nouvelles technologies de l'information et de la communication, le travailleur est poursuivi jusque dans son domicile par le travail capitaliste. Toujours à la disposition du service, il doit répondre au coup de fil du patron ou d'un collègue, au sujet de tel ou tel dossier ou telle ou telle affaire, ou encore à propos du mécanisme de fonctionnement des machines de travail. Son domicile devient alors un prolongement de son bureau ou de son poste de travail.

Le travail devient ainsi envahissant, empiétant sans cesse sur le temps et l'espace que le travailleur devait utiliser pour lui-même et pour sa famille. Le stress, la

---

[149] Karl MARX, *Manuscrits de 1844,* op. cit., p. 62

[150] Karl MARX, *Le Capital,* op. cit., p. 956

dépression et l'épuisement seront donc le lot quotidien du travailleur dans le contexte de la mondialisation.

Cette situation remet au goût du jour la question de savoir si le progrès de la technologie vient faciliter la tâche de l'homme dans le procès de production, vu que le procès de mondialisation sera soutenu par un développement très révolutionnaire de la technologie. L'on parle même de haute technologie.

La position de Marx vis-à-vis de cette question est sans appel : le progrès de la technologie, tel qu'il est en usage dans le mode de production capitaliste, ne peut affranchir l'homme, notamment le travailleur de la servitude du travail. La société capitaliste ne développe pas la technologie pour aider le travailleur. Venir en aide aux travailleurs n'est pas en réalité le but que chaque invention technologique vise. Le progrès technique est voulu et développé pour fabriquer de la plus-value et notamment de la plus-value relative.

Il est donc au service du capital et non du travail. Le développement de la technologie ne porte donc pas immédiatement de projet de libération du travailleur. Elle a été conçue pour intégrer les plans, les stratégies de guerre commerciale du capital. C'est dans cette dynamique de guerre commerciale qu'elle aliène le travailleur, en le soumettant au travail intensif. On pourrait donc dire que le capitaliste, cet homme qui vit du travail d'autrui, est le seul à qui le progrès des technologies profite parce qu'il lui permet d'extraire plus de travail de ses salariés.

La technologie l'affranchit également des exigences du contrat de travail onéreux comme le démontre bien Ure que Marx prend soin de citer dans le *Capital*, comme pièce à conviction contre l'emploi capitaliste du progrès technique dans le procès du travail. « Enfin, les capitalistes cherchent à s'affranchir de cet esclavage insupportable, c'est-à-dire des conditions gênantes du contrat de travail, s'aidant des ressources de la science, et ils furent réintégrés dans leur droit légitime, ceux de la tête sur les autres parties du corps ».[151]

Enfin, pour Marx, la technique est une arme de protection du capital contre les mouvements de grève qui pouvaient perturber le fonctionnement de son industrie. Pour le démontrer, il prend encore à témoin le philosophe de la manufacture, Ure qui, avec un cynisme singulier, souligne à la faveur de la création d'une meule automatique ceci:

« Cette création, l'homme de fer, comme l'appelle avec raison les ouvriers étaient destinés à rétablir l'ordre parmi les classes industrielles (...). La nouvelle de la naissance de cet hercule fileur répandit la consternation parmi les sociétés de résistance et longtemps avant d'être sortie de son berceau, il avait déjà étouffé l'hydre de la sédition ».[152] Et il ajoute : « cette invention vient à l'appui de la doctrine déjà exposée par nous, c'est que lorsque le capital enrôle la science, la main rebelle du travail apprend à être docile ».[153]

De ce point de vue, le concept même de technologie devient le concept d'une stratégie, d'un projet de domination du capital sur le travail. Il y a une antinomie manifeste entre le progrès de la technologie dans le procès de production capitaliste et la liberté du travailleur. Derrière l'apparente facilité du travail né du progrès technique, se cache une véritable torture physique et psychologique qui est infligée à ce travailleur dans le procès de production, en raison de l'intensité très accrue de son activité : « L'analyse de la plus-value relative, écrit Marx, nous a conduits à ce résultat : dans le système

---

[151] Andrew URE, cité par Marx in *Le Capital,*, op.cit., p. 1293

[152] Andrew URE, cité par Marx in *Le Capital,*, op.cit.

[153] *Id.*

capitaliste, toutes les méthodes pour multiplier les puissances du travail collectif s'exécutent au dépens du travailleur individuel ; tous les moyens pour développer la production se transforment en moyen de dominer et d'exploiter le producteur. »[154]

Il ajoute que ce système « lui oppose comme autant de pouvoirs hostiles les puissances scientifiques de la production ; ils substituent au travail attrayant le travail forcé ; ils rendent les conditions dans lesquelles le travail se fait de plus en plus anormales et soumettent l'ouvrier durant son service à un despotisme aussi illimité que mesquin ».[155]

La mondialisation, en tant que stade suprême du procès historique de valorisation du capital, ne fera que radicaliser cette servitude du travailleur dans la production des richesses capitalistes. Elle permettra au travailleur de se sacrifier davantage dans le surtravail pour que le capitaliste soit dispensé de la loi sacro-sainte imposée à l'humanité : « si l'on veut manger, il faut travailler, et non seulement avec son cerveau, mais aussi avec ses mains ».[156]

Mais Marx, plus tard, nuance le discours. En effet, si le progrès technique en mode de production capitaliste constitue un avantage immédiat pour le capitaliste, au détriment du travailleur, force est de constater qu'il ne lui profitera pas toujours. Pour Marx, un temps vient ou le progrès technologique va se retourner contre le capitaliste lui-même. En un mot, quand il aura permis à celui-ci d'extorquer du surtravail à la classe des travailleurs pour s'enrichir, il finira par faire exploser la société capitaliste.

---

[154] Karl MARX, *Le Capital,* op. cit., p. 1163

[155] *Id*

[156] Karl MARX, *Critique du programme du parti ouvrier allemand,* op. cit.

De ce fait, les intérêts, les privilèges de classe du capitaliste voleront en éclats. Une esquisse de cette explosion est donnée dans *Le Manifeste du Parti Communiste*. Marx et Engels écrivent, en fait, ceci : « Les armes dont la bourgeoisie s'est servie pour abattre la féodalité se retournent à présent contre la bourgeoisie elle-même. Mais la bourgeoisie n'a pas seulement forgé les armes qui lui donneront la mort ; elle a aussi produit les hommes qui manieront les armes ».[157]

Dans les Manuscrits de 1844, il écrit ceci :

« Par la médiation de l'industrie, les sciences de la nature sont intervenues pratiquement dans la vie humaine. Elles l'ont transformée et préparé l'émancipation humaine tout en entraînant dans l'immédiat une complète déshumanisation. »[158]

À bien analyser ces propos, on peut se rendre compte que le progrès effréné de la technologie dans le procès de production menace la société capitaliste elle-même. Il se pose alors la question de l'avenir de celle-ci. En d'autres termes, avec la mondialisation où le progrès technologique, dans la production et la circulation des marchandises, affiche une vitesse extraordinaire se soldant à chaque phase par l'effondrement de plusieurs entreprises et la suppression de plusieurs postes de travail, peut-on dire que l'humanité se dirige vers l'explosion du capitalisme, telle qu'elle a été annoncée par Marx?

---

[157]Karl MAR et Friedrich ENGELS, *Manifeste du Parti Communiste,* op. cit., p.168.

[158] Karl MARX, Manuscrits de 1844, Paris, éd. Allia, op. cit. p. 176.

Chapitre 3
Marx, la mondialisation et l'avenir du capitalisme

L'avenir de la société capitaliste est l'une des thématiques principales de l'économie politique marxienne. Celle-ci, en effet, considère la société capitaliste comme une phase transitoire de l'histoire de l'humanité. De ce fait, elle est appelée à disparaître, au profit d'une nouvelle société : le communisme. Cette conclusion à laquelle est parvenue Marx, dans son étude des lois du développement du mode de production capitaliste, a été, semble-t-il, une sorte de *« fausse prophétie »*.

Marx se serait gravement trompé quand il pensait avoir mis en évidence les lois présidant à la naissance, au développement et à la disparition du capitalisme. L'on a, en fait, remarqué que le capitalisme ressortait de ses crises plus fort et plus dynamique. Chaque crise qu'il traversait devenait en quelque sorte un laboratoire qui lui communiquait un nouveau souffle. Comme le phénix, il renaissait, pour ainsi dire, de ses cendres. De la mort de Marx à aujourd'hui, un peu plus de cent ans se sont écoulés, et le capitalisme reste encore actuel. Il a même démoli les sociétés communistes de l'Europe de l'Est et triomphé du communisme chinois. En effet, au début du XXe siècle, la Russie, s'appuyant sur les thèses de l'économie politique marxienne, a établi le communisme dans plusieurs pays de l'Europe de l'Est, à l'issue d'un vaste mouvement révolutionnaire. La Chine lui emboîta le pas au milieu du même siècle. Elle devint alors communiste après une révolution. Mais aujourd'hui, tous ces pays ont adopté le mode de production capitaliste. Ils ont, pour ainsi dire, tourné le dos à Marx et au communisme.

Le capitalisme, dès lors, se poserait comme un mode de production naturel, consubstantiel à l'humanité. Il envahit toutes les parties les plus reculées du monde. Partout, il bâtit des voies de communication et s'établit. Sa nouvelle dynamique née des crises des années quatre-vingt et de la chute du bloc communiste, lui a donné un nouveau visage : c'est la mondialisation.

Mais Marx avait-il été bien lu ? Je crois que non, il n'avait pas été bien lu non seulement par ses détracteurs, mais aussi par tous ceux qui avaient précipité la naissance du communisme. Ces derniers ont forcé la marche de l'histoire et l'ont contrainte à accoucher prématurément de la société nouvelle dont avait parlé Marx. L'enfant prématuré ne pouvait rester longtemps en vie parce que les conditions historiques de son avènement, telles que Marx les prévoyait, n'étaient pas encore réunies. On peut dès lors soutenir que Marx n'a pas été un faux prophète de l'histoire, mais il y a une mauvaise lecture de « ses prophéties » sur le capitalisme et sur la nouvelle société post-capitaliste.

Si tel est le cas, alors à quel moment de son procès la société capitaliste allait-elle connaître la grande déflagration qui devrait accoucher de la société nouvelle, c'est-à-dire le communisme ?

À bien lire Marx, il semble que le capitalisme ne pouvait disparaître qu'à condition qu'il ait conquis le globe entier et ait réalisé « l'entrelacement de tous les peuples dans le réseau du marché universel »[159]

En clair, la mondialisation, dont il avait déjà une intuition remarquable, est, sans doute, le stade suprême du développement du capitalisme et en même temps le moment de son déclin, de sa disparition. De ce fait, la

---

[159] Karl MARX, *Le Capital*, op. cit., p. 1239

mondialisation pourrait être analysée comme la fin du capitalisme d'une part, et, d'autre part comme le moment historique tant entendu pour l'avènement d'un nouvel ordre économique et social. C'est dans ces deux directions donc que nous allons analyser, dans ce chapitre, le phénomène de la mondialisation à partir de la grille de lecture de Marx.

3. A- La mondialisation et la problématique de la disparition du mode de production capitaliste chez Marx

Marx considère le mouvement social comme un enchaînement naturel de phénomènes historiques, un enchaînement soumis à des lois qui, non seulement sont indépendantes de la volonté, de la conscience, et des projets des humains, mais, déterminent leur volonté, leurs projets et leur conscience. Ainsi, avec différents niveaux de développement des forces productives, les rapports sociaux changent, de même que leurs lois régulatrices. Il met, de ce fait, en lumière les lois qui régissent la naissance, la vie, le développement et la disparition d'un organisme social donné, et son remplacement par un autre supérieur. En se mettant dans cette position pour analyser le mode de production capitaliste, Marx prévoit sa disparition :

« Le progrès de l'industrie dont la bourgeoisie est le véhicule passif et inconscient remplace peu à peu l'isolement des travailleurs (…). À mesure que la grande industrie se développe, la base même sur laquelle la bourgeoisie a assis sa production et son appropriation des produits se dérobe sous ses pieds. (…). Son déclin et le triomphe du prolétariat sont également inévitables. »[160]

Marx, en sa qualité de syndicaliste et d'acteur politique, croyait très imminentes la déflagration et la mort de la société capitaliste en raison de l'expansion des remous sociaux dans toute l'Europe. Le Manifeste du Parti Communiste fait écho de cette perception : « Bref, les communistes appuient partout les mouvements révolutionnaires contre les conditions sociales et politiques existantes […]. Partout, les communistes travaillent pour l'union et l'entente des partis démocratiques de tous les pays. »[161] La reprise dans Le Manifeste du parti Communiste, de l'appel de Flora Tristan à l'union des travailleurs : « prolétaires de tous les pays, unissez-vous ! »,[162] témoigne de l'idée selon laquelle Marx s'attendait à voir le mode de production capitaliste s'écrouler au XIXe siècle.

Comme l'a écrit Henri Denis : « Les révolutions de 1848, qui avaient été préparées par une crise économique en 1847, semblèrent d'abord confirmer entièrement les vues de Marx. Des soulèvements populaires ont lieu dès la fin de 1847 en Suisse et en Italie. Puis en février 1848, la Révolution éclate à Paris ». [163]

« En août 1849, poursuit Denis, Marx est expulsé à nouveau de France. Il se rend en Angleterre. Il croit encore que la révolution va de nouveau éclater très prochainement, et il est si anxieux de s'y préparer et d'en hâter la venue, qu'il accepte d'adhérer à une société

---

[160] Karl MARX et ENGELS, *Manifeste du Parti Communiste,* op cit., p.173.

[161] *Id.,* pp. 194-195.

[162] *Ibid,*

[163] Henri DENIS, *op. cit.* p., 415

sécrète, la « Société universelle des communistes révolutionnaires ». [164]

Mais cette espérance de voir le mode de production capitaliste s'effondrer au XIXe est avant tout la position du syndicaliste et de l'homme politique et non celle du théoricien. Le théoricien, en effet, « reprend (…) ses études économiques et se convainc rapidement qu'une nouvelle tentative révolutionnaire n'est possible qu'à la faveur d'une crise économique qui ne s'annonce pas encore. »[165]

Il en résulte qu' « il attaque très vivement les conspirateurs professionnels. Ils sont, dit-il, « les alchimistes de la révolution et ils partagent le désordre mental et les idées fixes des alchimistes du temps jadis ».»[166]

En réalité, Marx veut désormais s'attacher à une action révolutionnaire qui se fonde sur la connaissance scientifique des faits et non des rêves, des aventures. Malheureusement, c'est la position révolutionnaire des alchimistes très éloignés de sa théorie sur la fin du mode de production capitaliste, qui a prévalu dans les milieux révolutionnaires.

Ainsi Vladimir Ilitch Oulianov dit Lénine, s'en inspire. Il participe à la création du Parti Ouvrier Social-démocratique de Russie en 1898. Stratège de l'action révolutionnaire, Lénine prend le pouvoir en Russie, à la faveur de la révolution de 1917. Dès lors, il était convaincu que le temps était arrivé de sonner le glas du mode de production capitaliste. Pour lui, la Russie avait ouvert la voie à la révolution mondiale qui devait consacrer la disparition inévitable du système capitaliste.

---

[164]Henri DENIS, *op. cit.* p. 416.
[165]*Id.*
[166]*Ibid.*

Mais, le constat est sans appel : la révolution n'a pas gagné toute l'Europe, encore moins le monde entier.

Cependant, l'espérance de voir le mode de production capitaliste s'effondrer définitivement n'a pas quitté beaucoup de ceux qui se réclamaient de la pensée critique de Marx à l'égard de ce mode de production. À chaque crise majeure du capitalisme, leur réaction a été d'appeler les prolétaires de tous pays à passer à l'offensive. Défendre que le mode de production capitaliste est en crise permanente et annoncer de ce fait qu'il est sur le point de s'effondrer, que la révolution prolétarienne est au seuil de la porte de l'histoire et que l'organisation du prolétariat doit être en permanence prête à assumer les batailles décisives, telle est la position de ceux qui croient à un effondrement très imminent du capitalisme.

Malheureusement, des générations entières de ceux qui lisent dans les crises la fin du capitalisme sont passées et ce mode de production continue de renaître chaque fois de ses cendres. L'on a assisté, pour ainsi dire, à un véritable désenchantement, notamment de la classe ouvrière qui s'attendait à un effondrement immédiat du capitalisme en raison de son interprétation étriquée des textes de Marx sur ce mode de production. Sa théorie sur la fin du mode de production capitaliste a été tout simplement ignorée.

La théorie de la fin du capitalisme chez Marx s'inscrit, en effet, dans la dynamique même de sa théorie des crises capitalistes. La crise est, en effet, immanente au concept du capital. Et, le fait qu'elle soit immanente au concept du capital est tout aussi sa détermination négative que positive. Elle apparaît comme la détermination négative du capital, en ce sens qu'elle se pose comme obstacle au procès de valorisation et de reproduction de celui-ci. Elle caractérise une période d'incertitude pour le capital et pour toute la société bourgeoise.

Dans cette période, « une grande partie, non seulement des produits déjà créés, mais encore des forces productives existantes sont livrées [...] à la destruction ».[167]

La crise est assimilée chez Marx et Engels à trois calamités dont les effets destructeurs sur l'humanité sont reconnus dans l'histoire.

Il s'agit d'abord de l'épidémie. « Une épidémie sociale, écrivent-ils, éclate ».[168] L'épidémie prise en son sens médical renvoie à une destruction massive de vie humaine ou animale par une pathologie. De ce fait, elle se pose comme un facteur d'anéantissement d'un système de vie, en ce qu'elle détruit par la mort les facteurs de reproduction et de valorisation de l'espèce. En assimilant la crise à l'épidémie sociale, Marx et Engels montrent qu'elle tue, sur une grande échelle, les facteurs de valorisation et de reproduction du capital et donc de la société capitaliste.

Ils présentent ensuite la crise comme une famine. Et enfin, ils la comparent à « une guerre de destruction universelle ». Les termes « épidémie », « famine » « guerre de destruction universelle » qu'ils emploient, ont un seul et même but. Il s'agit de mettre en lumière le fait que les crises, immanentes au mode de production capitaliste hypothèquent gravement la société capitaliste.

Mais, ils poursuivent en soulignant que si la crise se présente comme une détermination négative du capital en ce sens qu'elle l'expose à la ruine, à la destruction sans merci, cela ne veut pas dire qu'il faut lire dans toute crise qui apparaît dans l'histoire, comme la fin du capitalisme.

La théorie marxienne de la fin du capitalisme ne considère pas que les crises périodiques qui secouent le mode de production capitaliste soient les signes des

---

[167] Karl MARX et Friedrich ENGELS, *Manifeste communiste,* op, cit, p. 167

[168] Id.

« derniers temps » de son règne. On pourrait dire que ces crises ne sont que les commencements des douleurs qui emporteront la société capitaliste, mais elles ne signifient pas que nous sommes à la fin de ce système. Pour Marx, quand une crise survient dans la société capitaliste, elle menace celle-ci de ruine certes, mais en même temps, elle lui offre l'occasion de puiser dans sa puissance inventive pour rebondir. Avec Engels, il écrit ceci :

« Comment la bourgeoisie surmonte-t-elle ses crises ? D'une part, en imposant la destruction d'une masse de forces productives ; d'autre part, en s'emparant de marchés nouveaux et en exploitant mieux les anciens. »[169]

C'est ce phénomène qui donne à la crise sa détermination positive. C'est un véritable paradoxe que nous voyons ici : la crise, en même temps qu'elle semble anéantir les piliers de la société bourgeoise, c'est-à-dire, « l'industrie et le commerce », elle ouvre la voie à une dynamique de restructuration, de rénovation qui fait renaître la société de ses cendres. La production de besoins nouveaux, la découverte de nouvelles valeurs d'usage, tout cela forme une tension positive que le capital découvre dans les périodes de crise. « À chaque phase de la crise succède ainsi une gigantesque phase de restructuration. »[170]

Marx n'analyse donc pas immédiatement la crise comme un signe d'effondrement imminent du capitalisme, bien au contraire, il soutient l'idée selon laquelle le capitalisme exploite positivement ses crises en approfondissant les anciens marchés et en conquérant de nouveau. Ce qui montre clairement qu'autant la crise est une menace qui ronge et défigure la société capitaliste, autant elle lui sert de levier et de stimulant qui lui

---

[169] Karl MARX et Friedrich ENGELS, *Manifeste du Parti Communiste,* op, cit.

[170] Antonio NEGRI, *Marx au-delà de Marx,* op, cit., p. 173.

permettent de redéfinir ses frontières et ses moyens techniques de production pour couvrir de nouveaux espaces dans le monde. Le rapport du capital à la crise est, dans l'immédiat, un rapport de destruction, mais in fine un rapport de destruction-restructuration. En clair, la crise du capital fait appel automatiquement à une réaction de restructuration, qui est une sorte de refus de la mort éternelle.

Et, pourtant, chaque restructuration qui semble lui donner « la vie éternelle », le conduit vers des crises de plus en plus difficiles à surmonter. Ainsi, de restructuration en restructuration, le capitalisme « prépare des crises plus générales et plus profondes tout en réduisant les moyens de les prévenir ».[171]

Marx ne dit pas qu'il suffit d'une crise, si profonde soit-elle, pour renverser le mode de production capitaliste ; chaque crise s'inscrit, en effet, dans la longue série de crises immanentes au capital et destinées à mettre la société capitaliste à l'étroit de telle sorte qu'elle n'aura plus les leviers suffisants et nécessaires pour se remettre sur pied. Dès lors, le prolétariat qu'elle a produit dans le procès de son expansion va venir à bout d'elle. C'est ainsi que le capitalisme quittera la scène de l'histoire des modes de production. Comme le disent Marx et Engels, « les armes dont la bourgeoisie s'est servie pour abattre la féodalité se retournent à présent contre la bourgeoisie elle-même ».[172]

Mais, à quel moment cette chute du mode de production capitaliste arrivera-t-elle ? Existe-t-il chez Marx, des limites quantitatives, prédéfinies en ce qui concerne la série de crises devant pousser le mode de production capitaliste à la faillite, à l'effondrement ? Pour

---

[171] Karl MARX et Friedrich ENGELS, *Manifeste du Parti Communiste*, p, cit., p. 167.
[172] *Id.,* p. 168.

en parler autrement, comment saura-t-on que l'effondrement du capitalisme est proche ou non ? La réponse à ces questions est très importante en ce sens qu'elle permettra d'éviter qu'on retombe dans les erreurs du passé où l'on a pensé à la faveur de chaque crise, que le mode de production capitaliste est à deux doigts de l'effondrement.

Marx n'indique pas le nombre des crises que le capitalisme va traverser avant de s'écrouler, il ne donne pas de ce fait un calendrier précis à laquelle le prolétariat va passer à l'action pour renverser la société bourgeoise. Il est vrai que les grands bouleversements économiques et sociaux qui ont eu lieu de son vivant lui ont donné l'impression que le temps était accompli pour en finir avec le capitalisme. Mais, d'un point de vue théorique, il n'est pas dans le fétichisme des calendriers. Chez lui, de façon globale, les limites d'un mode de production sont avant tout révélées, dans le procès de l'histoire, par les contradictions qui s'opèrent entre le développement des forces productives et les rapports de production qui en découlent. Ces contradictions doivent être de nature à anéantir tous les leviers devant permettre à ce mode de production en question de les surmonter. Ce qui signifie que, ces contradictions doivent atteindre des proportions de grande envergure qui entrainent à terme la mise en échec toutes les capacités de réaction de la société.

En termes plus clairs, Marx pense que pour qu'un mode de production s'écroule, il faut que la société le caractérisant ne soit plus en mesure de maîtriser la civilisation qu'elle a créée et les contradictions qui en découlent. Cette société doit être à l'image de « ce magicien désormais incapable d'exorciser les puissances infernales qu'il a évoquées. »[173] En effet, « jamais une

---

[173]Karl MARX et Friedrich ENGELS, *Manifeste du Parti Communiste,* op., cit., p. 167.

société n'expire avant que soient développées toutes les forces productives qu'elle est assez large pour contenir. Jamais de rapports supérieurs de production ne se mettent en place avant que les conditions matérielles de leur existence ne soient écloses dans le sein même de la vieille société. »[174]

Tant qu'une société ne se trouve pas dans une telle situation, elle ne peut pas s'effondrer malgré les secousses et les crises qu'elle va connaître. En un mot, pour qu'un mode de production s'éclipse et laisse apparaître un autre dans l'histoire, il faut qu'il ait fait la pleine mesure de ses contradictions de sorte qu'elle ne puisse pas résister aux bourrasques des mouvements sociaux destinés à créer un nouvel ordre économique et social. En d'autres termes, il faut que la société qui incarne le mode de production fasse la pleine mesure de sa décomposition, de son pourrissement pour qu'elle laisse apparaître la société nouvelle qui est appelée à lui succéder dans l'histoire. Et, Marx ne dit pas autre chose quand il écrit que : « la pourriture est le laboratoire de la vie. »[175]

C'est ainsi que le mode de production capitaliste est né de la déconfiture de la société féodale.

Dès lors, on comprend que chez Marx, une société n'est appelée à disparaître, pour laisser s'installer un nouvel ordre social, que, si et seulement si les contradictions, les dysfonctionnements observés dans cette société débordent les capacités de réaction de celle-ci. Dans la Contribution à la critique de l'économie politique, il exprime clairement cette pensée :

« À un certain stade de leur développement, les forces productives de la société entrent en contradiction avec les rapports de production existants. (…) De forme évolutive

---

[174]Karl MARX cité par Karl POPPER in *La société ouverte et ses ennemis, Tome 2, Hegel et Marx,* op. cit., p. 75.

[175] Karl MARX, *Le Capital op. cit.*

qu'ils étaient, ces rapports deviennent des entraves de ces forces. Alors s'ouvre une ère de révolution sociale. » [176]

De ce fait, la société capitaliste ne pourrait disparaître que si les contradictions qui la traversent débordent ses capacités de réaction. Or la pleine mesure des contradictions qui emporteront une société est aussi liée à la pleine mesure du développement de celle-ci. C'est pourquoi la société capitaliste ne connaîtra la pleine mesure des contradictions qui provoqueront son effondrement que si elle a atteint la pleine mesure de son développement.

En lisant bien Marx, notamment la théorie des crises et celle de l'expropriation capitaliste, il semble bien que la pleine mesure du développement de la société capitaliste ne sera accomplie que dans la mondialisation. Chaque crise majeure du capital impose à la société bourgeoise une double exigence. La première exigence est « la production de besoins nouveaux, la découverte et la production de nouvelles valeurs d'usage »[177]. Et la seconde exigence est la conquête « de nouveaux marchés » et l'exploitation plus accrue des anciens. Cette double exigence entraîne « la poussée vers la plus-value relative, la tendance au marché mondial ».[178]

À chaque phase de la crise du capital succède donc une phase de restructuration de grande envergure qui contraint la société bourgeoise à élargir son espace de domination et d'exploitation.

« La valeur de l'ancienne industrie, écrit Marx, est conservée lorsque l'on crée un fond pour une branche nouvelle où le rapport entre le capital et le travail revêt une forme nouvelle. Il faudra donc explorer toute la nature

---

[176] Karl MARX, *Contribution à la critique de l'économie politique*, éd. Sociales, 1957, p. 4.

[177] Karl MARX, *Grundrisse,* op, cit., p. 312

[178] Antonio NEGRI, *Marx, au-delà de Marx,* op, cit., p. 173

pour découvrir des objets de propriétés et d'usage nouveaux, pour échanger à l'échelle de l'univers, les produits de toutes les latitudes de tous les pays. »[179]

Il faut le noter, les crises capitalistes se présentent, chez Marx, sous une double forme. L'on trouve d'un côté la crise de disproportion. Elle se traduit par un déséquilibre des différents éléments constitutifs du procès de production du capital. De l'autre côté, l'on a la crise de réalisation, c'est-à-dire les crises relatives à la capacité d'absorption, c'est-à-dire de consommation. Pour surmonter ces écueils, la société bourgeoise doit à la fois relever le degré de développement des forces productives à travers les vagues d'innovations technologiques, mais également celle des frais de production, permettant ainsi la redynamisation du processus de circulation du capital. La conquête de nouveaux espaces pour surmonter les crises et empêcher l'implosion de la société bourgeoise s'impose ainsi.

Si l'on la considère de plus près, la colonisation de nouveaux espaces dans le monde a servi de contrefort à l'ordre social capitaliste existant en Europe aux XIXe et XXe siècles. Certainement que si l'Amérique du Nord n'avait pas été conquise par le mode de production capitaliste, l'on aurait assisté au chaos er à la décadence complète de la société bourgeoise européenne. Celle-ci aurait, en effet, créé les conditions de sa négation par le prolétariat qu'elle a suscité et qu'elle avait de la peine à contenir. Comme l'ont fait observer Marx et Engels, « les États-Unis absorbaient par l'immigration le surplus des forces du prolétariat européen ».[180]

---

[179] Karl MARX, Grundrisse, op, cit., p. 312

[180] Karl MARX et Friedrich ENGELS, préface du *Manifeste du Parti Communiste*, édition Russe de 1882, in Karl Marx, Ouvres, économie I, op. cit., p. 1482

Du coup, la société bourgeoise se donnait les moyens de prolonger sa vie par la création, à travers la conquête, de nouveaux espaces territoriaux. Cécile Rhodes a bien exprimé cette fonction vitale de l'impérialisme et de la colonisation pour la société capitaliste, quand il écrit :

« Mon idée favorite est une solution pour le problème social : afin de sauver les 40 000 000 d'habitants du Royaume-Uni d'une guerre civile sanglante, nous autres hommes d'État colonialistes devons acquérir de nouvelles terres pour y installer le surplus de population, pour offrir de nouveaux marchés aux marchandises qu'elle produit dans les usines et dans les mines ».[181]

La longévité du capitalisme repose donc sur la création continue de nouveaux espaces de reproduction du capital qui aident à l'absorption des contradictions sociales.

Mais en même temps, chaque espace conquis, créé pour reproduire le capital et résoudre les contradictions, devient une pierre d'achoppement pour les capitalistes. En effet, il aiguise leur appétit, en termes de rythmes de productivité et de circulation des marchandises, et provoque ainsi d'autres crises beaucoup plus graves. De ce fait, la société bourgeoise « prépare des crises plus générales et plus profondes tout en réduisant les moyens de les prévenir »,[182] chaque fois qu'elle fait reculer ses frontières spatiales pour étendre ses possessions, ses richesses. Et pourtant, elle ne peut exister sans « révolutionner constamment » la configuration de ses forces productives et de son territoire :

« Ce qui distingue l'époque bourgeoise de toutes les précédentes, écrivent Marx et Engels, c'est le bouleversement incessant de la production, l'ébranlement

---

[181] Cecile RHODES, cité par Michael HARDT et Antonio NEGRI, in *Empire*, op. cit., p. 288

[182] Karl MARX et Friedrich ENGELS, *Manifeste du Parti Communiste,* op, cit., p. 167

continuel de toutes les institutions sociales, bref, la permanence de l'instabilité et du mouvement. »[183]

« La permanence de l'instabilité et du mouvement » qui la caractérise, en raison du besoin de débouché toujours plus large, contraint ainsi la société capitaliste à envahir l'ensemble du globe, à se mondialiser. Mais en le faisant, elle augmente les risques de son implosion. En effet, en se mondialisant, elle réduit « ses espaces verts », obstrue « ses issues de secours » que constituaient jusqu'-ici les territoires précapitalistes du globe.

Une mondialisation parfaitement accomplie signifiera que tous les espaces territoriaux du globe ainsi que tous les peuples qui les occupent seront emmenés de force ou de gré à sortir de leur « isolement » et de leur « autarcie locale et nationale » pour former un empire capitaliste. Cet empire n'aura d'autres buts que de promouvoir le développement « d'un trafic universel, une interdépendance universelle des nations. »[184]

De ce fait, une mondialisation du capital parfaitement réalisé, met en danger la société bourgeoise elle-même, parce qu'elle n'aura plus de territoires vierges qui lui permettront de résoudre ses contradictions. Si elle a résisté au temps et aux crises immanentes à son mode de reproduction, c'est parce qu'elle avait de vastes arrière-cours non encore exploitées, c'est-à-dire de vastes territoires du globe non encore soumis entièrement à la dynamique du mode de production capitaliste.

Une mondialisation bien accomplie veut donc dire qu'il n'y aura plus de possibilité pour elle, d'avoir de l'espace à conquérir, à mettre en valeur pour assurer la reproduction du capital qui souffre de crises à répétition. La société capitaliste ne pourra plus faire reculer ses frontières, ses

---

[183]*Id,* p. 16 4

[184] *Ibid.*

limites, alors qu'elle en aura plus que jamais besoin pour assurer l'accumulation du capital. En effet, plus elle conquiert de l'espace, plus son besoin d'acquérir de nouveaux espaces augmente.

La société capitaliste est dans son essence, refus de l'immobilisme. Elle est négation constante des frontières, des espaces acquis. Elle est alors destinée à toujours regarder hors de ses frontières. Sa survie et sa paix dépendent des territoires vierges ou non encore suffisamment exploités. C'est pourquoi une mondialisation bien réussie détruirait tous les leviers de la société bourgeoise en termes de capacité à faire face aux crises de grande envergure qui l'attendent. La ruine qu'elle avait sans cesse reportée par l'impérialisme et la colonisation, semble-t-il, va la rattraper avec une brutalité inouïe, sans précédent.

Les forces productives, notamment la grande artillerie de la technologie qui connaît de plus en plus des révolutions spectaculaires, en raison des différentes phases de restructuration du capital, vont enfin se révéler trop gigantesques pour les institutions capitalistes mondiales. Elles ne joueront plus « en faveur de la société bourgeoise ».[185] Elles deviendront pour ainsi dire « des forces destructrices », [186]car le globe se révèlera comme une enveloppe trop étroite pour contenir leurs rythmes, leurs cadences de production et de circulation des marchandises. C'est cette situation dramatique qui attend la société capitaliste, dans le contexte de la mondialisation que Marx a en réalité anticipée. Dans Le Capital, il écrit que : « l'entrelacement de tous les peuples dans le réseau du marché universel, la socialisation du travail et la centralisation de ses ressorts matériels arrivent à un point

---

[185] Karl MARX et Friedrich ENGELS, *Manifeste du Parti Communiste,* op. cit., p. 165
[186]*Id*

où elles ne peuvent plus tenir dans leur enveloppe capitaliste. Cette enveloppe se brise en éclats. L'heure de la propriété capitaliste a sonné. Les expropriateurs sont à leur tour expropriés. »[187]

L'effondrement de la société capitaliste serait, pour ainsi dire, dans le développement très accéléré du système de production capitaliste à travers tout le globe. C'est cette analyse qui ressort de l'examen de la théorie de la fin du capitalisme chez Marx. C'est là un message fort à l'endroit des anticapitalistes, notamment la classe ouvrière et les intellectuels et les politiques néo-marxistes qui s'opposent farouchement au processus de mondialisation du capital.

Ils veulent, en effet, en finir avec le capitalisme. Alors pour eux, la meilleure stratégie est de mettre tout en œuvre pour arrêter le procès de mondialisation qui à leurs yeux revitalise le mode de production capitaliste et aggrave ses conséquences néfastes sur le monde du travail et sur les écosystèmes. Autrement dit, ils estiment que si l'on laisse la mondialisation se développer, leurs conditions de classes et la souffrance de l'humanité vont s'empirer.

Ils ne perçoivent que la détermination négative de la mondialisation du capital, bien qu'ils se réclament, la plupart, des thèses de Marx sur le capitalisme, leur compréhension de la mondialisation du capital reste encore très éloignée de la façon dont Marx appréhende la fin du capitalisme. Il ne dit pas de s'opposer au procès de mondialisation du capital. Bien au contraire, il prévoit la mondialisation comme le stade suprême du processus d'expansion du mode de production capitaliste. Bien que la mondialisation soit la phase historique qui prolonge actuellement la carrière du capital, elle est dans le fond le moyen le plus sûr de conduire la société capitaliste à radicaliser ses crises et à se mettre à dos beaucoup plus

[187]Karl MARX, *Le Capital*, op. cit.,p. 1239

d'ennemis qu'elle n'en a jamais eus dans le monde et dans l'histoire.

La mondialisation a donc une détermination positive quand on l'analyse à partir de Marx. C'est pourquoi les anticapitalistes actuels doivent, au-delà de la souffrance immédiate qu'elle provoque parmi les travailleurs et les écosystèmes, percevoir cette détermination positive pour s'organiser de façon rationnelle, sans précipitation, sur toute l'étendue du globe. C'est d'ailleurs le lieu même de se demander si la mondialisation n'est pas l'opportunité historique pour la réalisation d'un nouvel ordre économique et social. Pour le dire autrement, la mondialisation n'est-elle pas en train de nous conduire à la porte de la société post-capitaliste tant attendue?

3.B- La mondialisation et le renouvellement du débat sur l'avènement d'une société post-capitaliste

La critique anticapitaliste est sans aucun doute l'une des principales lignes de force qui traversent l'ensemble des œuvres d'économie politique de Marx, d'un bout à l'autre, et lui donnent toute sa cohérence interne. Mais il y a aussi la possibilité d'un avenir émancipé de la domination capitaliste qui est envisagée et qui confère à ses travaux d'économie politique une véritable originalité. Autrement dit, sa théorie critique n'analyse pas la société capitaliste seulement comme un problème, mais aussi comme une société qui porte en elle l'espérance d'un Nouveau Monde plus humain et naturaliste. Marx annonce alors l'avènement d'une société post-capitaliste, appelée le communisme.

Si *Le Capital, le Travail salarié et capital,* sont plus portés sur la dénonciation des ignominies du mode de production capitaliste, *Le Manifeste du parti communiste* qui les a précédés, insiste beaucoup sur le rôle historique et progressiste de la société capitaliste et son dépassement. Marx, en effet, a montré que le capitalisme constitue un progrès historique de l'humanité par rapport à la société féodale. Cependant, ce mode de production est en même temps transitoire, donc destiné à être dépassé. Et ce dépassement se fera par une révolution prolétarienne qui mettra en place un État socialiste devant œuvrer à la disparition des antagonismes des classes pour enfin, créer la société communiste.

Mais, qu'est-ce que la société communiste ? Et, quelle est l'espérance dont elle est porteuse ? La théorie de la société communiste se résume en cette formule : « abolition de la société privée ».[188] Si la société communiste se caractérise par l' « abolition de la propriété privée », force est de constater qu'elle ne vise pas l'abolition de n'importe quelle espèce de propriété privée. Autrement dit, elle ne cherche pas à abolir « la propriété acquise par le travail personnel ».[189] En clair, la propriété privée que veut abolir le communisme n'est pas celle du « fruit de l'effort du labeur personnel », c'est-à-dire celle du petit capitaliste, du petit paysan. Ces formes de propriété sont déjà, jour après jour, selon Marx, exposées au procès d'expropriation capitaliste.

C'est pourquoi, ce que le communiste cherche avant tout à abolir, c'est « la propriété privée de la bourgeoisie moderne ».[190]La bourgeoisie moderne tient, en effet, son existence de l'abolition des anciens rapports de propriété notamment la propriété féodale, celle du petit bourgeois et du petit paysan. Bref, elle est le résultat d'un vaste procès d'expropriation de l'immense majorité de la société. Il

---

[188] Karl MARX et Friedrich ENGELS, *Manifeste du Parti Communiste,* op., cit., p. 175.
[189]*Id.*
[190]*Ibid.*

s'agit alors pour la société communiste d'exproprier à son tour cette bourgeoisie moderne. Comme le dit Marx, « les expropriateurs sont à leur tour expropriés ».[191]

Ainsi va la loi qui préside aux métamorphoses de la nature : « L'appropriation capitaliste, conforme au mode de production capitaliste, constitue la première négation de cette propriété privée qui n'est que le corollaire du travail indépendant et individuel. Mais, la production capitaliste engendre elle-même sa propre négation avec la fatalité qui préside aux métamorphoses de la nature. C'est la négation de la négation. »[192]

La société communiste est donc cette « négation de la négation qui rétablit non seulement la propriété privée du travailleur, mais également la propriété individuelle, fondée sur les acquis de l'ère capitaliste, la coopération et la possession commune de tous les moyens de production, y compris le sol. »[193]

L'expropriation communiste est l'expropriation de quelques usurpateurs par la masse du peuple, tandis que l'expropriation capitaliste fut celle de la masse du peuple par cette poignée d'usurpateurs. Il s'agit pour la société communiste de mettre un terme à la propriété bourgeoise, en tant que monopole de puissance sociale permettant à une classe de la société de vivre du travail de toute la société.

Marx considère la société communiste comme porteuse d'espérance de la classe ouvrière, en ce sens qu'elle met un terme à l'exploitation de celle-ci.

Mais, au-delà de l'émancipation de la classe ouvrière qu'elle est appelée à promouvoir, la société communiste est destinée à opérer la suppression générale de l'exploitation de l'homme par l'homme. C'est ainsi que

---

[191] Karl MARX, *Le Capital*, op. cit.

[192] *Id.* pp. 1239-1240.

[193] *Ibid.* p. 1240

les termes : liberté, égalité, justice, auto-accomplissement structurent la pensée communiste chez Marx. L'articulation entre les différentes valeurs humaines constitue donc un ensemble cohérent servant de fondement à la société communiste. Celle-ci est, pour ainsi dire, la réponse adéquate que le procès de l'histoire apporte à l'humanité, victime de la domination capitaliste.

C'est pourquoi, les catégories du communisme : liberté, égalité, justice, auto-accomplissement, s'opposent à celles du capitalisme chez Marx. Il s'agit notamment de l'injustice, de l'exploitation, de l'aliénation, de la quantification vénale et de l'irrationalité de la production des marchandises. Dans le mode de production capitaliste, caractérisé par l'emploi chrématistique des technologies, « la vie humaine ne possède aucune valeur »[194]. « La valeur de la classe ouvrière se réduit aux frais de production nécessaires si bien que les ouvriers n'existent que pour le profit du capitaliste ». [195]

En ce qui concerne l'injustice et l'exploitation, Marx note que le mode de production capitaliste est fondé sur le surtravail non payé des ouvriers. Les manifestations flagrantes de cette injustice sociale sont l'exploitation des enfants, des salaires de misère, les heures de travail inhumaines. Pour Marx, le mode de production capitaliste est de façon intrinsèque injuste, en ce sens qu'il est fondamentalement parasitaire et exploiteur de la force de travail des producteurs.

Quant à l'aliénation, Marx observe que dans le mode de production capitaliste, les individus, notamment les travailleurs, sont soumis à la domination de leurs propres produits qui prennent la forme de fétiche énorme et qui échappe à leur contrôle. Au centre de l'analyse de l'aliénation chez Marx, se trouve l'idée selon laquelle le

---

[194] Karl MARX, *Manuscrits de 1844,* op. cit., p.42.
[195] *Id.*

capitalisme est une sorte de religion désenchantée, où les marchandises remplacent la divinité :

« plus l'ouvrier s'extériorise, écrit-il, dans son travail, plus le monde étranger, objectif, qu'il crée, en face de lui devient puissant, plus il s'appauvrit lui-même et plus son monde intérieur devient pauvre, moins il possède en propre. Il en va de même dans la religion. Plus l'homme met de choses en Dieu, moins il en garde lui-même ».[196]

La quantification vénale de la vie sociale, qui est l'une des catégories du capitalisme critiqué par Marx, se traduit par la valeur d'échange, le calcul des profits et l'accumulation du capital. Elle tend à la dissolution et à la destruction de toutes valeurs qualitatives : les valeurs d'usage, les relations humaines empreintes de sentiments d'amour, de convivialité et de solidarité. L'avoir remplace l'être, et seul subsiste le payement comptant :

« La bourgeoisie a dépouillé de leur sainte auréole toutes les activités jusqu'alors vénérables et considérées avec un pieux respect. Elle a changé en salarié à ses gages, le médecin, le juriste, le prêtre, le poète, l'homme de science. Aux relations familiales, elle a arraché leur voile de touchantes sentimentalité ; elle les a réduits à un simple rapport d'argent ».[197]

Enfin, l'irrationalité du capitalisme se dévoile dans les crises périodiques de surproduction. Marx et Engels emploient les termes d'*« état de barbaries momentanées »,*[198] pour désigner cette irrationalité du mode de production capitaliste. La barbarie, en effet, a généralement eu partie liée à l'état des sociétés non civilisées. Mais cette fois-ci, elle se manifeste au sein même de la société moderne hautement civilisée et en fait

---

[196]Karl MARX, *Manuscrits de 1844,* op. cit., p.42.

[197]Karl MARX et Friedrich ENGELS, *Manifeste du Parti Communiste,* op. cit., p. 164.

[198]*Id.,* p. 167.

partie intégrante en ce sens que la logique de production de cette société défie le bon sens.

La société communiste se pose donc en antithèse de toutes ces catégories négatives du mode de production capitaliste. Par l'abolition de la propriété bourgeoise, elle promet la fin de l'exploitation, de l'aliénation des travailleurs. Si dans la société capitaliste, « le travail vivant n'est qu'un moyen d'augmenter le travail accumulé », au contraire, « dans la société communiste, le travail accumulé n'est qu'un moyen d'élargir, d'enrichir et de promouvoir l'énergie vitale des travailleurs ».[199]

Ainsi, « le communisme n'enlève à personne le pouvoir de s'approprier des produits sociaux, il n'ôte que le pouvoir de s'assujettir, par cette appropriation le travail d'autrui ».[200]

Pour tout dire, la société communiste est annoncée chez Marx comme une rupture radicale d'avec « l'ancienne société bourgeoise, avec ses classes et ses conflits de classes ».[201]

S'il est bien clair chez lui qu'une nouvelle société, c'est-à-dire la société communiste, va succéder à la société bourgeoise, le défi de l'interprétation de l'opportunité historique de son avènement reste à relever. La première moitié du XXe siècle, caractérisée par les révolutions russe et chinoise, avait donné l'impression à la classe ouvrière que le printemps communiste était arrivé. Mais ce fut, en réalité, une fausse alerte. La dynamique communiste s'est confinée dans l'Est de l'Europe et en Chine, et a conquis tout juste le Cuba en ce qui concerne l'outre Atlantique. Après environ soixante-dix ans, le bloc communiste de l'Est de l'Europe s'est effondré comme un château de carte avec le démantèlement de l'URSS et de la

---

[199] *Id.* p. 176.
[200]*Ibid,* p.177.
[201]*Ibid.* p. 83.

chute du mur de Berlin. La Chine, dernier grand bastion du communisme est en train d'être gagnée entièrement au mode de production capitaliste.

Alors, à quand l'avènement de la société communiste annoncée par Marx ? Pour répondre à cette question, il faut relire entre les lignes Marx et aussi Engels. Le Manifeste du Parti Communiste se termine par cet appel à la mobilisation générale de tous les prolétaires du monde entier : « prolétaires de tous les pays, unissez-vous ! » [202]

Le prolétariat, en effet, est à leurs yeux la seule classe destinée à renverser la société bourgeoise.

« De toutes les classes subsistant aujourd'hui en face de la société bourgeoise, écrivent-ils, le prolétariat seul forme une classe réellement révolutionnaire. Les autres dépérissent et s'éteignent devant la grande industrie, dont le prolétariat est le seul produit propre [...]. Ils sont réactionnaires, car ils cherchent à faire tourner en arrière la roue de l'histoire. »[203]

Mais comment cette classe, destinée à renverser la société capitaliste pour établir la société communiste, peut-elle se développer à travers le monde ? Le prolétariat, en fait, est un pur produit de la grande industrie du capital. Marx le conçoit comme l'exacte contrepartie du développement de la bourgeoisie industrielle, l'opérateur collectif de l'industrie moderne. Autrement dit, c'est le rassemblement par l'industrie moderne de la main d'œuvre autrefois éparpillée dans les différents métiers et travaux individuels, qui créent véritablement la notion de prolétariat.

C'est pourquoi, dans l'économie politique de Marx, l'on ne saurait séparer la notion de prolétariat de celle de la grande industrie. Il y a en quelque sorte, un rapport de cause à effet entre la grande industrie et le prolétariat

---

[202] *Ibid.*

[203] Karl MARX, *Le Capital,* op. cit., p. 1240

moderne, celui-ci n'apparaît que là où la grande industrie connaît une expansion. Comme Marx le souligne dans le capital :

« La suprême beauté de la production capitaliste consiste en ce que non seulement, elle reproduit constamment le salarié, mais que proportionnellement à l'accumulation du capital, elle fait toujours naître des salariés en surnombre. »[204]

A mesure que la grande industrie prend de l'ampleur, le prolétariat se développe conséquemment. Le mode de production capitaliste secrète pour ainsi dire la classe qui va le renverser et installer la société communiste. Il en résulte donc que la puissance du prolétariat dont la mission historique est de créer la société communiste réside dans le développement intégral de la société bourgeoise.

Ce développement intégral s'entend comme une expansion mondiale du mode de production capitaliste. En clair, pour que le prolétariat se développe et assume sa destinée historique, celle d'établir la société communiste, selon Marx, il faut que le système industriel du capital se développe à l'échelle du globe terrestre. Il doit procéder à l'expropriation systématique de la majorité de la population du globe, au profit d'un petit groupe. Plus le prolétariat gagne en nombre, plus l'opportunité historique de l'avènement de la société communiste se précise et s'accroît. De ce fait, plus le système industriel du capital, dont le prolétariat est le pur produit, se développe à travers le monde, plus les conditions de l'émergence de la société communiste murissent. Ces propos d'Engels en témoignent :

« D'abord, il est remarquable que Le Manifeste soit devenu ces derniers temps, (…), l'étalon du développement de la grande industrie sur le continent

[204]*Id*, p. 1229

européen. Dans la mesure où, la grande industrie s'étend dans un pays, on y voit grandir parmi les ouvriers, le désir de connaître leur position en tant que classe ouvrière (...) et d'élargir parmi eux le mouvement socialiste. »[205]

Ainsi, la mondialisation, entant qu'elle traduit le procès de l'expansion du système industriel capitaliste à travers tout le globe, se pose comme un cadre historique exceptionnel de développement du prolétariat mondial. En même temps qu'elle favorise l'accumulation du capital, elle fait naître le prolétariat à l'échelle du globe. On pourrait dire qu'aujourd'hui, plus qu'hier, le prolétariat peut revendiquer une organisation mondiale, et ce, à cause de la mondialisation. Mais comment pourrions-nous être sûr qu'il en sera ainsi ?

Pour vérifier la validité empirique d'une telle analyse, il faut que l'on laisse cette mondialisation poursuivre son chemin de maturation. C'est dire que les différents mouvements anticapitalistes qui tentent de dresser des murs contre la mondialisation doivent la laisser s'investir dans tous les pays, dans toutes les contrées non encore exploitées ou insuffisamment exploitées pour asseoir la domination du mode de production capitaliste. C'est à cette condition que la société communiste pourra surgir. Comme le souligne Negri : « le communisme surgit dans l'intensité des contradictions que le concept de marché mondial contient ; à la fois, moment d'intégration capitaliste maximum et moment d'antagonisme maximum ».[206]

Il ne faut donc pas empêcher la mondialisation de poursuivre l'expansion du mode de production capitaliste et d'assujettir tout le globe à la puissance du capital. C'est dans ce procès, en effet, que le prolétariat, cette classe destinée historiquement à renverser le capitalisme, revêtira

---

205 Friedrich ENGELS, in Karl MARX, op. cit., pp. 1489-1490.

206 Antonio NEGRI, *Marx au-delà de Marx,* op, cit., p. 265

une véritable force révolutionnaire irrésistible. Le prolétariat en tant que force de renversement du capitalisme et puissance créatrice de la société communiste tirera donc sa dynamique révolutionnaire du développement intégral de la mondialisation du capital.

Cet appel à la mobilisation : « prolétaires de tous les pays unissez-vous ! »,[207] suppose nécessairement l'expansion à l'échelle mondiale du mode de production capitaliste. C'est la dynamique du développement mondial de ce système qui construit la possibilité du communisme dans la mesure où celle-ci constitue son antithèse radicale. Le développement du système industriel capitaliste est en fait l'image renversée du communisme. Les théories d'expropriation capitaliste et communiste développées par Marx, dans Le Capital, l'expriment clairement. Pour lui, l'expropriation capitaliste consiste en « l'expropriation de la masse du peuple par quelques usurpateurs »,[208] tandis que celle du communisme consiste en « l'expropriation de quelques usurpateurs par la masse du peuple. »[209]

Là où il n'existe pas d'expropriation capitaliste, il ne peut non plus y avoir d'expropriation communiste. C'est pourquoi la mondialisation qui s'annonce comme un opérateur d'expropriation capitaliste d'envergure mondiale porte en elle le procès de révolution et d'expropriation communistes à l'échelle mondiale. Jamais le prolétariat ne connaîtra une opportunité historique aussi grande que celle que va lui offrir la mondialisation. Le rétrécissement inévitable du marché mondial doublé de l'explosion du chômage qu'elle va créer sera à l'avantage des prolétaires.

Les puissants moyens de communication qu'elle a créés, notamment l'internet et les réseaux sociaux (face

---

[207] Karl MARX et Friedrich ENGELS, *Manifeste du Parti Communiste*, op. cit., p. 195

[208] Karl MARX, *Le Capital,* op. cit., p. 1240

[209] *Id.*

book, twitter) serviront sans aucun doute à unifier l'action des prolétaires du monde entier qui ne seront plus seulement les travailleurs des usines, mais l'ensemble des multitudes que le capitalisme aura prolétarisées. Ils pourraient ainsi, comme un seul homme, réaliser leur mission historique, celle de renverser le mode de production capitaliste et d'instaurer la nouvelle société ; le communisme.

Marx et Engels avaient beaucoup rêvé de l'unité des prolétaires de tous les pays. Après la mort de Marx, Engels croyait que ce rêve se réalisait sous ses yeux le 1er Mai 1890 :« Le spectacle de la journée d'aujourd'hui frappera les yeux des capitalistes et des propriétaires fonciers de tous les pays : à l'heure actuelle, les prolétaires de tous les pays sont réellement réunis. Si seulement Marx était encore à mes côtés pour voir cela de ses propres yeux. »[210]

Mais on était encore loin de la réalisation du rêve d'unité des victimes du capital et du temps de maturation d'une subversion mondiale contre la société bourgeoise. Engels s'est donc lourdement trompé quand il croyait le temps arrivé, en ce jour du 1ermai 1890.

En lisant bien Marx, il semble bien que ce soit maintenant même, avec la mondialisation du capital, que la formation d'une force de subversion à l'échelle mondiale est en voie de réalisation. En effet, « l'ancien isolement et l'autarcie locale et nationale » sont en train de faire davantage place « à un trafic universel, une interdépendance universelle des nations. » En raison du perfectionnement très rapide des moyens de production et de communication, la mondialisation précipite toutes les populations du globe dans la civilisation capitaliste, elle abolit de plus en plus l'éparpillement des moyens de production, de la propriété et de la population. Des nations indépendantes (ayant des intérêts, des lois, des

---

[210] Friedrich ENGELS, *op, cit.*, p. 1489

gouvernements, des tarifs douaniers différents) sont en train d'être fondues en un vaste espace homogène pour le besoin de reproduction du capital. C'est justement cette dynamique de la mondialisation du mode de production capitaliste qui développe et renforce la cohésion et la puissance mobilisatrice des forces du changement social dans le monde. Ce qui veut dire que le procès de mondialisation du système de production capitaliste porte en lui les germes du procès de l'émergence de la société post-capitaliste.

De ce fait, la crainte que les travailleurs et tous les anticapitalistes entretiennent vis-à-vis de la mondialisation n'est pas justifiée, lorsque l'on se réfère à Marx. Bien au contraire, ils doivent comprendre que dans le procès de mondialisation du capital, ils « ne risquent d'y perdre que leurs chaînes. Ils ont un monde à y gagner ».[211]

Pour le dire autrement, la négation du capitalisme et le projet de construction d'une société post-capitaliste ne se feront pas par une opposition à la mondialisation et par la lutte pour le maintien des États-nations ou des frontières ethno-tribales. Tous ceux qui veulent renouer avec le rêve marxien d'une société post-capitaliste doivent comprendre que la mondialisation, en tant qu'elle est une manifestation radicale du libre-échange, ne travaille pas contre eux, mais pour eux :

« Mais (…) le système protecteur est conservateur, tandis que le système de libre échange est destructeur. Il dissout les anciennes nationalités et pousse à l'extrême, l'antagonisme entre la bourgeoisie et le prolétariat. (…), le système de la liberté commerciale hâte la révolution sociale. C'est seulement dans ce sens révolutionnaire, messieurs, que je vote en faveur du libre échange ».[212]

---

[211] Karl MARX et Friedrich ENGELS, *Manifeste du Parti Communiste*, op, cit., p.195.

[212]Karl MARX, *Discours sur le libre échange,* op, cit., p. 156

La société capitaliste elle-même sent, avec la grande dynamique de la mondialisation, qu'elle touche à sa fin. Elle sait, en effet, que « le monde est entièrement loti ».[213] Ce qui réduit de façon drastique ses marges de manœuvre face aux crises dans la mesure où il n'existe presque plus de territoires vierges où elle pourrait transférer ses crises et déplacer les conflits qui menacent de la faire exploser. C'est cette situation qui justifie la multiplication des recherches qu'elle mène dans l'espace où elle pense trouver un Nouveau Monde qui garantisse la pérennité de son système. Elle veut réaliser ainsi le vieux rêve de Cécile Rhodes, ce grand capitaliste et impérialiste britannique qui disait : « je voudrais annexer les planètes si je pouvais ; je pense souvent à cela ».[214] Hélas, l'annexion des planètes est, à l'état actuel de nos connaissances, impossible. La révolution sociale est donc à la porte de la société bourgeoise qui se heurte irréversiblement aux limites du globe.

À ce niveau de mon parcours réflexif, il me semble nécessaire de faire un clin d'œil aux promoteurs de la nouvelle théorie sociale. Héritiers de la ligne critique de l'école de Francfort, Axel Honneth, Franck Fischbach, Guillaume Le Blanc, Emmanuel Renault, pour ne citer que ceux-là, revendiquent la nécessité de renouveler la critique sociale. Celle-ci se pose comme instrument d'identification et d'analyse des « processus d'évolution de la société qui apparaissent comme des évolutions manquées ou des perturbations, c'est-à-dire comme des pathologies du social ».[215]

---

[213] Cecil RHODES, in *Empire,* op, cit., p. 275

[214] *Ibid.*

[215] Axel HONNETH, *La société du mépris. Vers une nouvelle théorie critique,* trad. O. Voirol, P. Rusch et A. Dupeyrix, Paris, La Découverte, 2006, p 40

Et comme telle, la critique sociale doit « contribuer à transformer des problèmes sociaux invisibilisés en objet de préoccupation publique et de confrontation politique ».[216] De ce fait, elle peut être lue comme un programme destiné à infléchir la dynamique néolibérale de la société bourgeoise contemporaine qui opère une extension de la pauvreté et de l'exclusion sociale.

Pour le dire autrement, la nouvelle critique sociale s'affirme à la fois comme une puissance de contestation et de promotion sociale. La contestation, ici, n'est pas une remise en cause de l'ordre établi, elle ne porte donc pas de projet révolutionnaire, mais elle table sur le refus et la discussion des modalités de fonctionnement de la société capitaliste qu'elle somme d'intégrer les exclus, les marginalisés et d'élever leur niveau de vie. La nouvelle théorie critique sociale veut, en fait, l'amélioration du statu quo, en termes d'élévation du niveau de vie pour la partie la plus défavorisée du corps social. De ce fait elle revendique la suppression du chômage, de la discrimination et de l'exclusion. En un mot, elle cherche la transformation essentielle de la société existante et non son renversement comme le prévoyait Marx.

Les promoteurs susnommés de cette approche du changement social, qui ne cachent pas leur distance à l'égard des courants critiques révolutionnaires, suggèrent clairement qu'il est impossible de rompre d'avec le mode de production capitaliste. Du coup, ils en font un mode de production anhistorique que la critique sociale doit chercher à améliorer et non à renverser. Le nouveau visage de la critique sociale se donne alors pour mission d'« attirer l'attention sur des excès, sur des aberrations, qui pourraient compromettre, à la longue, la survie du système lui-même par l'indifférence à la vie collective

---

216 Emmanuel RENAULT, *Souffrances sociales. Philosophie, psychologie et politique,* Paris, La Découverte, 2OO8.

qu'elles entraînent. Bref, il s'agit en définitive de réhabiliter l'intervention de l'Etat dans la vie sociale, la défense d'une politique sociale, contre les assauts répétés du néo-libéralisme. »[217]

Pour tout dire, la nouvelle critique sociale refuse de s'inscrire dans une démarche de renversement de l'ordre social établi. Elle veut un changement dans le statu quo Ainsi, « le changement social poursuivi se doit de rester concevable dans les limites du capitalisme. Après tout, n'est-il pas raisonnable d'envisager encore un changement social radical, une rupture avec le capitalisme par exemple »?[218]

Cette orientation de la critique sociale qui affirme sa distance absolue vis-à-vis des théories de la subversion et du changement radical, rappelle le pessimisme de Sismondi qui, après avoir, savamment, mis en relief les aberrations du capitalisme avoue l'incapacité de l'humanité à produire un autre ordre social:

« La distribution des fruits du travail entre ceux qui concourent à les produire me paraît vicieuse, mais il me semble presque au-dessus des forces humaines de concevoir un état de propriété absolument différent de celui que nous fait connaître l'expérience ».[219]

Apparemment, les théoriciens de la critique sociale, qui ont pris leur distance vis-à-vis de la théorie sociale de la subversion et du changement radical, n'ont pas tort de réagir comme ils le font. Ils ont, avec eux, l'expérience de l'histoire des mouvements ouvriers et socialistes : l'échec des communards de Paris, l'effondrement des républiques socialistes et communistes, et le retour de ces espaces à

---

[217] Mahamadé SAVADOGO, « Critique sociale et engagement politique » in *Cahier philosophique d'Afrique,* Année 2013 N° 0011, p. 10

[218]*Id.* p. 11

[219] Jean de SISMONDI, cité par Henri Denis, op. cit., p 370.

l'économie de marché qu'ils contribuent à développer dans le monde. À cela s'ajoute la période des Trente glorieuses où l'on a assisté à l'amélioration de la qualité de vie des classes ouvrières.

Mais quand on considère la société capitaliste d'un point de vue prospectif, qui prend bien sûr en compte son évolution présente, ils ont tort de prendre leur distance vis-à-vis de l'idée de la construction d'un ordre social nouveau. Leur critique sociale, traduite dans les faits, signifierait effectivement une amélioration considérable des conditions existantes. Le retour et le renforcement de l'État social seraient ainsi possibles.

Or le retour et le renforcement de l'Etat social qu'ils veulent réaliser, par la convocation des pouvoirs publics à intervenir dans la réglementation de l'ordre économique et social, ne sont possibles que dans le cadre d'un État-nation fort pour contenir les contradictions du capitalisme libéral. Ce qui n'est pas le cas aujourd'hui.

L'État-nation est en déclin. En effet, pour contenir les crises de croissances de l'après Trente glorieuses, la société capitaliste s'est lancée dans une vaste et dynamique restructuration de l'économie orientée vers un ultralibéralisme qui consiste en la libre mobilité des biens, des services, des capitaux et du travail. Ces « tendances évolutives qui, sous le nom de « mondialisation », attirent aujourd'hui notre attention viennent modifier une constellation historique qui s'était distinguée par le fait que l'État, la société et l'économie étaient en quelque sorte coextensifs à l'intérieur des mêmes frontières nationales. »[220]

De ce fait, la nouvelle force du mode de production capitaliste se déploie à travers un procès irréversible de négation de la puissance publique nationale. Noyé dans le

---

[220] Jürgen HABERMAS, *Après l'état-nation*, trad. De Rainer Rochlitz, Paris, Fayard, 2000, p.129.

jeu trouble des marchés de l'économie mondiale, l'État-nation connaît un affaiblissement croissant de son pouvoir économique et social : rétrécissement de son pouvoir de régulation des marchés et de son pouvoir fiscal. Son intervention, dans le sens du rétablissement d'une politique sociale viable n'est plus qu'un vieux souvenir des Trente glorieuses. Pour le dire autrement, l'État-nation est sommé par le capital de ne plus être un État social. Nous sommes ainsi dans une ère de déni total de l'État social consacrée par la nouvelle dynamique du capital qui, en quête « d'investissements possibles et de gains spéculatifs, est en quelque sorte dispensé de présence nationale et qui vagabonde librement peut menacer de s'exiler dès qu'un gouvernement, soucieux de préserver une marge d'action pour accroître la demande et pour protéger un niveau social ou des emplois, met trop de pression sur un lieu de production national. »[221]

Il en résulte « que les gouvernements nationaux perdent la capacité de mettre à profit leurs ressources fiscales, de stimuler la croissance et d'assurer par ces moyens certaines bases essentielles de sa légitimité. »[222]

Alors, comment peut-on, dans ce contexte d'affaiblissement de son pouvoir social et économique, arracher à l'État-nation des reformes sociales satisfaisantes contre les assauts nuisibles du néolibéralisme à l'intérieur de ses frontières ? À l'impossible nul n'est tenu. L'État-nation est dépassé par les évènements et aucune ligne critique sociale néo-réformiste ne peut endiguer l'érosion de son pouvoir économique et social provoquée par la dynamique de restructuration de l'économie capitaliste dans le monde. C'est pourquoi, aujourd'hui, toute critique sociale qui ne mise que sur la transformation de la société par le biais des réformes publiques nationales s'apparente

---

[221] *Id.* p. 134

[222] *Ibid.*

à une vraie utopie. En termes plus clairs, le nouveau tournant historique que le capitalisme a amorcé entraîne nécessairement un épuisement des énergies réformistes et ouvre ainsi une ère de dialogue avec Marx dans le sens d'une redéfinition des possibilités de l'accouchement d'un nouvel ordre social. Mahamadé Savadogo semble bien épouser ce point de vue. Pour lui, en effet, la « crise actuelle du capitalisme mondialisé et les conséquences sociales désastreuses qu'elle impose aux différents États ».[223] remettent radicalement en cause toutes conquêtes sociales que la société capitaliste semble avoir permises. Ce qui le conduit à jeter un grave soupçon sur ses capacités à tenir ses promesses sociales : « En fonction des fluctuations de la crise, écrit-il, de son intensité, chacune de ses conquêtes est susceptible d'être remise en cause ».[224]

Il en appelle de ce fait à un ordre social alternatif : « S'il en est ainsi, souligne-t-il, il est légitime que la question d'un autre ordre social revienne à l'ordre du jour à travers notamment le développement des formes de résistance contre les mesures d'austérité ».[225]

Ces propos viennent bien à l'appui de la ligne que je défends, c'est que la nécessité d'un nouvel ordre social se fait de plus en plus sentir dans le monde.

Est-ce à dire que la mise en lumière de l'échec programmé de la critique sociale à tendance néo-réformiste interdise toutes tentatives de traiter, par des reformes, les pathologies du corps social pour soulager un tant soit peu toutes ces vies mutilées du chômage, de l'exclusion et de la paupérisation ? Bien sûr que non, ce n'est pas parce que le diagnostique des médecins a révélé une pathologie irréversible chez le roi, qu'il faut renoncer

---

[223]Mahamadé SAVADOGO, *op. cit,.* p. 15.
[224] *Id.*
[225]*Ibid.*

à lui administrer des soins pour le soulager. Il ne peut pas être guéri certes de son mal, cependant les soins palliatifs restent nécessaires pour calmer un tant soit peu ses douleurs. Mais pendant ce temps, on doit ouvrir le débat sur sa succession. C'est une question de bon sens.

Ce qui serait contraire au bon sens, serait de vouloir le sauver coûte que coûte par des acharnements thérapeutiques et refuser d'envisager sa succession. Pour le dire en d'autres termes, aujourd'hui, une théorie sociale avertie, en même temps qu'elle doit être dans une démarche de soins palliatifs, doit aussi s'orienter dans la recherche continue d'un ordre économique et social nouveau. Les décennies à venir nous imposent ce défi, car notre époque nous fait pressentir que nous sommes dans un temps de gestation et de transition à une nouvelle période. Les conditions préalables de la conquête d'un nouvel ordre économique et social murissent.

On l'a déjà souligné, le changement est inévitable ; naturellement pas demain, ni après demain, mais dans quelques décennies. En effet, les bornes du globe ne peuvent pas être déplacées, ni ses limites étendues. Le capital, qui est dans un besoin continu d'espaces, ne sera donc plus en mesure de créer de nouveaux espaces pour sa reproduction, quand il aura épuisé l'approfondissement des espaces actuels du globe par le biais de la mondialisation.

On sait qu'il a trouvé au début des années 80 une parade aux limites de la terre : les crédits de consommation par lesquels il crée des espaces artificiels pour sa reproduction. Rifkin rapporte le succès que cette parade a fait connaître à la bourgeoisie :

« Ce qui a fait sortir les États-Unis et le monde de la récession économique de la fin des années 1980 et du début des années 1990, c'est le crédit massif à la consommation, d'abord en Amérique, puis dans d'autres pays. (…). Pendant dix-huit ans, les consommateurs américains ont dynamisé l'économie mondiale, essentiellement par leurs achats à crédit. »[226]

Mais la performance économique et sociale des crédits de consommation, bien qu'il puisse encore soutenir le système, va se heurter nécessairement aux limites de l'endettement. Déjà, les symptômes d'un tel phénomène ont été étalés récemment au grand jour dans la société capitaliste. En effet, le coût pour garder le système économique mondial « sur la base d'une hausse de la dette de consommation aux États-Unis a été l'épuisement de l'épargne de la famille américaine. En 2006, nombreuses familles dépensaient plus qu'elles ne gagnaient. C'est ce qu'on appelle le « revenu négatif », contradiction dans les termes qui incarne une conception du développement économique voué à l'échec. »[227]

Cette double limite (limites du globe et limites du crédit) à laquelle va nécessairement se heurter le procès de valorisation du capital dans le monde, montre qu'avec la mondialisation la société bourgeoise touche à sa fin. La nouvelle critique sociale doit le savoir et tenir compte de ce contexte historique pour ajuster ses analyses.

Cela noté, il est important aussi de souligner que si la mondialisation recèle des possibilités de changement, de révolution sociale, il faut avouer que le sujet de cette révolution sociale ne sera plus exclusivement le sujet traditionnel des révolutions marxiennes, c'est-à-dire le prolétariat : ces ouvriers des usines. À la vérité, cette catégorie sociale, sur qui Marx misait pour faire la révolution, a considérablement dépéri. Son dépérissement vient des profondes mutations initiées par les capitalistes,

---

[226] Jeremy RIFKIN, *Une nouvelle conscience pour un monde en crise*, trad. de Françoise et Paul Chemla, NOUVEAUX HORIZONS, Paris, 2011, p. 483.
[227] *Id.* p.

ces dernières années. En effet, les capitalistes, après avoir tissé leur domination sur le monde, par le développement du secteur industriel, ont ouvert, depuis quelques années, un vaste processus de tertiarisation de l'économie. Aujourd'hui, l'économie tertiaire concentre, dans les pays développés, 70% environ des activités économiques. Il en résulte une nette régression des travailleurs des usines par rapport aux deux siècles écoulés.

Dans le même temps, les nouvelles stratégies de production industrielle empêchent la densification de la population ouvrière dans un même pays donné. En fait, d'un système de production groupé sur un seul et même espace national donnant lieu à une population ouvrière nationale dense et homogène, on est passé à un système de production éclaté sur plusieurs pays. Ainsi, comme le note bien Rifkin : « Les composants de toutes sortes de biens manufacturés sont fabriqués dans des pays différents puis expédiés et assemblés près des marchés. Une automobile ordinaire peut contenir des milliers de pièces détachées, dont chacune a été produite dans une usine, un pays ou un continent différent. »

Il ressort de ce fait, un émiettement et une opposition d'intérêt de la classe ouvrière qui ne peut plus revendiquer sa communauté d'intérêt immédiat, sa puissance numérique et massive du XIXe siècle. À cela, il faut ajouter que les enfants de la classe ouvrière, contrairement à la thèse de l'hérédité sociale de Marx, ne deviennent plus nécessairement des ouvriers. La démocratisation relative de l'école leur donne d'avoir accès à des emplois de cadres dans les entreprises et dans l'administration publique.

L'ensemble de ces observations ne permet pas de soutenir, de nos jours, l'idée d'une révolution prolétarienne. Le sujet de la révolution sociale à venir ne va donc pas avoir une figure homogène, mais il se présentera sous une figure éclatée, multicolore, plurielle et hétérogène.

Les mouvements sociaux qui accompagnent le procès de mondialisation du capital, en effet, mettent en lumière d'autres acteurs méconnus du temps de Marx. Il s'agit entre autres des ONG (Organisation Non gouvernementale), des mouvements féministes, écologiques, estudiantins, des minorités, des artistes et des intellectuels. En clair, à l'âge de la mondialisation, les forces de la subversion et de la révolution sociale à venir, comme le soulignent Michael Hardt et Antonio Negri, « ne sont pas concentrées dans les usines, mais pour certaines d'entre elles, disséminées sur tout le terrain social. »[228] Toutes ces multitudes hétéroclites réalisent davantage la communauté de l'espace et des liens de leurs théâtres sociaux, la communauté de risques et l'unité des destins collectifs qu'elles forment toutes sous la domination du capital.

Mais, tout compte fait, Marx a fait preuve d'une grande clairvoyance, quand il montre que la mondialisation du capital est le dernier stade du capitalisme et qu'elle porte en elle les germes d'un changement social et économique majeur. Il faut procéder à l'implémentation de cette lecture dans les milieux néo-marxistes, anticapitalistes et altermondialistes qui ne voient en la mondialisation qu'une détermination négative et veulent arrêter par tous les moyens sa réalisation.

Le mode de production capitaliste touche à sa fin. Un nouvel ordre économique et social s'annonce à l'horizon. Une nouvelle forme d'organisation sociale est sur le point d'arriver. S'agit-il du communisme prophétisé par Marx et que nous avons exposé un peu plus haut? Je ne saurais le

---

[228] Michael HARDT et Antonio NEGRI, *Déclaration, ceci n'est pas un manifeste*, Paris, Ed RAISONS D'AGIR, 2013, p.95.

dire. Ce qui est sûr, est que l'idée d'une existence communautaire et solidaire va dominer l'organisation de la société post-capitaliste. En témoigne l'usage dominant des concepts tels que : « le commun », « le partage », « l'économie solidaire », « le droit d'accès en opposition au droit de propriété », dans l'essai de théorisation de la société de demain.

Dans tous les cas, le débat pour la théorisation de la société post-capitaliste est lancé. C'est pourquoi le travail de tous ceux qui attendent l'avènement de cette société doit consister en la mobilisation des ressources théoriques nécessaires à sa fondation et à son organisation. En effet, la société post-capitaliste que tous les mutilés du capital et tous ceux qui compatissent à leur douleur veulent voir venir ne fera pas entrer l'humanité dans le règne du souverain bien ou dans un proto-millenium où règnera l'harmonie sociale sans coup férir.

Bien au contraire, le monde devra faire face à de grands défis liés à l'extrême complexité des relations économiques et sociales que la bourgeoisie aura créées entre les membres d'une même région ou entre les membres des régions différentes. Pour le dire autrement, le défi de la construction de la société post-capitaliste ne doit pas être sous-estimé. Il exige un travail de cognition de haut niveau, et, non des actions de pillage et de destruction que menèrent les barbares contre la Rome antique. Aborder le virage de l'accouchement de la société post-capitaliste par les pratiques des barbares qui ont mis fin au règne de l'Empire romain de l'Occident, c'est prendre le risque de faire sombrer l'humanité dans l'âge des ténèbres comme l'Europe post-romaine a sombré dans le chaos pendant plusieurs siècles. La guérilla, la barbarie ne doivent pas avoir droit de cité dans le nouveau dispositif théorique de la société post-capitaliste.

Si les anticapitalistes refusent d'adopter une démarche de construction théorique de pointe du monde post-capitaliste, l'humanité devra s'attendre à voir le manque seul se généraliser. Et «par conséquent, avec le besoin, devrait recommencer la lutte pour le nécessaire et toute l'ancienne (…) saleté se rétablir. »[229]

Le travail théorique exigé ici devra, entre autres, questionner l'avenir de la propriété privée, de la monnaie et de l'État. Ce triplet, qui forme l'essentiel des poutres de la société bourgeoise, a fait l'objet de réflexion chez Marx.

Déjà avant lui, la propriété privée fut la cible de plusieurs théoriciens de l'ordre social juste. L'un des premiers à l'avoir attaquée, dans l'histoire de la critique sociale, fut l'anglais Thomas More, né en 1478 à Londres. En effet, l'exploitation de la laine comme matière première textile, en son temps, avait conduit les propriétaires fonciers, attirés par le gain, à transformer leurs champs en pâturages pour l'élevage des moutons. Dès lors les paysans qui exploitaient ces terres vont être expulsés de ces propriétés et exposés au vagabondage et à la misère. Leurs conditions de vie sociales provoquent chez More l'indignation et la formulation d'une critique sociale. C'est dans son ouvrage Utopie (sans lieu) qu'il expose, dans un style dialogué, sa théorie critique. Celle-ci est dirigée fondamentalement contre la propriété privée qu'elle considère comme la source du dysfonctionnement de la vie sociale, économique et politique anglaise et la cause de la misère qui accable une partie du corps social.

Ainsi, pour résoudre les contradictions sociales, More préconise la suppression de la propriété privée à travers son personnage Hyhlodée :

« …il n'y a qu'un seul et unique chemin vers le salut public, à savoir l'égalité, qui ne me paraît pas être réalisée

---

[229] Karl MARX cité par Henri DENIS, in *Histoire de la pensée économique*, op. cit., p. 410

là où les biens appartiennent aux particuliers (…). Je suis donc convaincu que les biens ne peuvent être repartis équitablement et raisonnablement, que les affaires des hommes ne peuvent être gérées heureusement, si l'on ne supprime totalement la propriété. »[230]

Cette critique de la propriété privée et de l'idéal de la communauté de biens vont trouver écho chez beaucoup de théoriciens sociaux en Europe.

Morelly s'en prend ainsi, de façon virulente, à la propriété privée en ces termes : « ôtez la propriété, l'aveugle et l'impitoyable intérêt qui l'accompagne (…), il n'ya plus de résistance offensive ou défensive chez les hommes, il n'y a plus de passions furieuses, plus d'actions féroces, plus de notions, plus d'idées de mal moral ».[231]

Proudhon, qui leur emboîte le pas, bien qu'il ne les suive pas dans la démarche de suppression de la propriété privée, écrit : « la propriété, c'est le vol. »[232]

En effet, tous ces auteurs s'accordent à reconnaître que l'attachement viscéral à la propriété privée a instauré une frontière sociale entre les humains, créant ainsi une société inégalitaire, exclusive et conflictuelle, fondée sur le principe du mien contre le tien. C'est alors à juste titre qu'ils réclament, quasiment tous, sa suppression.

Marx, hérite donc d'une longue tradition de critique de la propriété, allant dans le sens de sa suppression en vue de faire émerger une société inclusive, participative et communautaire. Mais, quand il intervient sur la question, il fait une importante mise au point. Il estime que la propriété qui est nuisible au bonheur humain et qu'il faut

---

[230] Thomas MORE cité par Henri DENIS, in *Histoire de la pensée économique*, op. cit., p.122.

[231] MORELLY cité par Henri DENIS, in *Histoire de la pensée économique*, op. cit., p. 232

[232] Joseph PROUDHON cité par Henri DENIS, in *Histoire de la pensée économique*, op. cit., p.377.

supprimer n'est pas la propriété générique acquise par le travail personnel, mais la propriété bourgeoise en tant que fruit du travail collectif.

Si tel est le cas, il faut alors identifier la propriété bourgeoise au-delà des propriétés génériques. Chez Marx, la propriété bourgeoise n'est d'autre que l'usine, lieu de concentration des producteurs et des moyens de production de la richesse sociale. Ainsi, la suppression de la propriété bourgeoise chez lui consiste à faire passer les usines des mains des capitalistes aux mains des ouvriers qui y travaillent, pour qu'ils en fassent des biens appartenant à toute la société, à toute la collectivité. C'est là qu'apparaît chez, lui l'idée du socialisme.

Cela relevé, suffit-il demain, dans un contexte de régression continue de l'économie industrielle, comme on l'a vu, de transformer les usines en biens collectifs pour réussir à changer l'ordre social ? Certainement non, parce que les industries ne représentent plus que 30% environ de l'économie capitaliste. La chasse à la propriété bourgeoise devrait donc élargir sa sphère d'occupation aux institutions financières et bancaires, aux services, aux banques de savoir et de savoir-faire, aux institutions de recherches et de développement, aux communications, aux sources énergétiques, qui forment aujourd'hui le noyau dur de la propriété capitaliste. Le succès d'une telle opération modifierait les rapports de propriété et le droit sur la propriété, dans le sens d'une rupture avec la propriété privée fondée sur le principe de l'exclusion de l'autre et du conflit avec lui.

Déjà, on observe dans la société capitaliste-elle-même quelques signaux de desserrement de l'attachement des hommes au régime de la propriété privée. C'est le nouveau virage que l'industrie de la musique vient de négocier, avec l'appui des nouvelles technologies de l'information et de la communication, en ouvrant la voie du changement dans le rapport de la propriété. Au lieu de vendre des CD physiques qui deviennent des propriétés des acquéreurs, « l'usager paie l'accès à la musique ».[233]Pour Rifkin, « le même processus est à l'œuvre dans de nombreux secteurs. »[234] Il y voit là l'annonce du passage « du droit de propriété au droit d'accès » à un bien qui est commun et indivisible.

On peut donc supposer que la société capitaliste, avec les limites du globe et de ses ressources auxquelles son expansion se heurte, et les mutations qu'elle opère sur elle-même pour se restructurer continuellement, va réunir les conditions du changement de la nature de la propriété. Ainsi, demain, la multitude ne se verra pas opposée une grande résistance pour conduire l'humanité à une société post-capitaliste qui sera dominée par le droit d'accès aux biens.

Mais le règne supposé du droit d'accès aux biens qui remplacera celui du droit de propriété des biens va-t-il évacuer de la scène des relations sociales l'économie monétaire?

On le sait, outre la question de la propriété, celle de la monnaie a beaucoup préoccupé la théorie sociale pré-marxienne. Ainsi, chez Thomas More, la critique de la propriété est doublée d'une critique de l'argent. Pour lui, l'argent, à l'instar de la propriété privée, est un obstacle à l'implémentation de la justice et de la prospérité publique, c'est-à-dire de tous. Et, c'est à travers un des personnages de l'Utopie qu'il le dit : « Mon cher More, pour te dire le fond de ma pensée, là où tous mesurent toutes choses d'après l'argent, dans ces pays-là, il est à peu près impossible que la justice, la prospérité règnent dans la chose publique ».[235]

---

233 Jeremy RIFKIN, *op. cit,*. p. 507.
234 Id. p. 508.
235 Thomas MORE, *op. cit.*

Marx s'inscrira dans cette critique de l'argent et annoncera la répudiation de son usage dans la société post-capitaliste qu'il a baptisée du nom de communisme. Comme l'a souligné Henri Denis, pour Marx, dans l'organisation sociale qui suivra la société capitaliste :

« Le travail est obligatoire et la production consommable est repartie entre les individus à proportion du travail qu'ils fournissent. Cette répartition se fait de la manière suivante : on distribue aux travailleurs des bons constatant les quantités de travail qu'ils ont fournies. On calcule les coûts en travail des objets consommables produits. »[236]

De la sorte, le système de bon de travail remplacerait la monnaie. Mais peut-on vraiment répudier la monnaie de nos échanges de demain ? Marx sait bien que la monnaie est apparue dans les rapports sociaux avant la naissance de la société capitaliste. Et, avant de devenir capital, elle est d'abord un instrument de rationalisation des échanges devenus complexes. Dans ce cas, comment imaginer qu'on puisse la répudier si facilement de nos rapports sociaux ? Une telle entreprise est bien louable, mais sa construction théorique et pratique reste un défi inqualifiable. Quand Marx projette la construction d'une société post-capitaliste non monétaire, il me semble qu'il s'inspire à la fois des sociétés primitives et du prophète juif : Esaïe qui déclare : « venez acheter du vin et du lait sans argent, sans rien payer ».[237]

Or la société post-capitaliste n'aura ni la taille ni la simplicité des relations sociales des sociétés primitives. Elle sera, à sa naissance déjà, une société dont les limites couvrent toute la terre, puisqu'elle s'édifiera sur les décombres de la société capitaliste mondiale actuellement en construction. En tant qu'elle se pose comme antithèse

---

[236] Karl MARX cité par Henri DENIS, *op. cit.*, pp. 451-452.

[237]Esaie, Chap.55 V. 1b.

de cette société capitaliste mondiale en cours d'édification, la société post-capitaliste va s'affirmer à partir du legs de celle-ci, en termes de forces productives, de territoire et de relations sociales très complexes qu'elle devra démêler et réorganiser. D'ailleurs, elle ne pourra pas entièrement simplifier la complexité de ces relations sociales.

La société post-capitaliste ne sera pas non plus la société théocratique millénariste à laquelle Esaïe fait allusion dans son livre prophétique. La société post-capitaliste sera bel et bien une société dont les architectes et les ouvriers seront des humains avec leurs faiblesses.

Au regard de cet argumentaire, il me semble que la répudiation de la monnaie dans la société post-capitaliste créera plus de problèmes qu'elle n'en résoudra. On se souvient que pendant la guerre civile russe, la réquisition des denrées agricoles à la campagne avait permis le paiement en nature des ouvriers des usines. Et l'on a cru, à cette époque, que l'ère de l'économie non monétaire avait sonné. Mais la dure réalité de la complexité des relations économiques et sociales les rattrapa très vite. En effet, « devant les conséquences du « Communisme de guerre », Lénine se décide, au début de 1921, à mettre en œuvre une « Nouvelle Politiqua Economique » (N.E.P), qui comporte, notamment, le rétablissement du commerce privé et donc le retour à l'échange monétaire ».[238]

Cette expérience russe montre qu'il est impossible de répudier la monnaie des relations économiques et sociales de demain. On a certes des pratiques économiques et sociales non monétaires de très petites tailles aujourd'hui, par le système internet, mais cela ne saurait être la condition générale des relations économiques et sociales du monde à venir. On pourrait tout au plus œuvrer à la réduction de la puissance dominatrice de la monnaie sur la nouvelle société, en encourageant la production de

[238] Henri DENIS, *op. cit.*, p. 585.

plusieurs micro économies non monétaires qui soient de nature à favoriser l'inclusion sociale des couches les plus vulnérables. On gardera donc dans l'ensemble une économie monétaire, mais à vocation solidaire, inclusive et humaine. Les modalités théoriques et pratiques de cette nouvelle économie sociale doivent être discutées de façon hardie et démocratique.

S'il est bien clair que la société post-capitaliste ne peut pas se passer de la monnaie, il n'en est pas ainsi de l'État, semble-t-il. L'État, cette forme particulière d'organisation de la société civile, est né, on le sait, avec l'émergence du capitalisme. Rifkin, qui fait une esquisse de sa généalogie, écrit :

« L'État-nation est plutôt, en réalité, une « communauté imaginée », un concept artificiel, en grande partie créé par des élites politiques et économiques pour établir de vastes marchés nationaux (…). Dans la plupart des cas, l'État-nation et le marché national du début de l'ère moderne ont émergé ensemble, chacun nourrissant l'autre dans une relation symbiotique. »[239]

Cette approche généalogique de l'État-nation rejoint plus ou moins l'idée que Marx lui-même se fait de l'État moderne. Celui-ci, en effet, est à ses yeux une pure création politique des capitalistes pour organiser l'espace et les relations sociales dans le sens de la défense de leurs intérêts de classe. Il s'oppose de ce fait à Hegel qui voit en l'État moderne une réalité spirituelle symbiotique où les citoyens se reconnaissent comme membres d'une seule et même communauté humaine.

D'où, Marx théorise sa disparition dans le cadre de l'émergence de la société post-capitaliste. S'inspirant de la Commune de Paris, gouvernement révolutionnaire français formé lors de l'insurrection de 1871, il écrit : « la classe ouvrière ne peut pas simplement mettre la main sur une

---

[239]Jeremie RIFKIN, op. cit. p. 278.

machinerie d'État toute prête et la manier à ses fins propres. »[240]Marx souligne ici que la révolution du prolétariat ne peut pas s'accommoder de l'existence de l'État. Celui-ci doit être démembré par les prolétaires. Le démembrement devra se traduire par la mise à l'écart des institutions étatiques dans la gestion de la vie économique et sociale de la société post-révolutionnaire. À la logique de gestion institutionnelle des questions économiques et sociales de la société capitaliste, se substitue une logique égalitaire et coopérative qui mobilise la sagesse collective des conseils ouvriers pour organiser l'économie et la société. Cette gestion collective et égalitaire de l'économie et de la société devra rendre progressivement inutile l'appareil étatique qui mourra de son manque de besogne.

Comme on le constate bien, pour la théorie sociale marxienne, la société qui devra succéder à la société capitaliste sera une société acéphale, sans État. Cette caractéristique de la société post-capitaliste envisagée par Marx, mérite bien une réflexion dans la mesure où les symptômes d'un bouleversement social et économique de grande ampleur se mettent en place progressivement. En termes clairs, il est nécessaire aujourd'hui encore de ressusciter la question de l'avenir de l'État dans la société post-capitaliste.

L'évolution actuelle de la domination de l'État moderne dans le monde permet de faire avancer les recherches sur cette question.

Né du besoin d'organisation des espaces économiques et des relations sociales bourgeoises, l'État moderne est, en effet, un État administratif, territorial, national et fiscal. Pour le dire autrement, l'État moderne est une administration publique au moyen de laquelle les sociétés bourgeoises agissent sur elles-mêmes dans les limites d'un territoire donné et dont les ressources de fonctionnement

---

[240] Karl MARX cité par Henri DENIS, *op. cit.*, p. 450.

sont tirées des impôts. Après 300 ans de domination sur les sociétés mondiales et sur l'histoire politique universelle, il est entré dans une ère de restructuration, suivant en cela même l'évolution du capitalisme dans le monde. Cette restructuration fonctionnelle réduit sa compétence territoriale dans la mesure où le capital a inscrit tous les États-nations dans une communauté de destin. De ce fait, les décisions prises sur une base nationale produisent des externalités chez les autres.

En raison de ces externalités, des dispositifs internationaux sont créés pour réduire les capacités d'action territoriale nationale. Ce qui fait dire à Habermas que : « Bien que la souveraineté et le monopole de la force détenu par l'État soient restés intacts, l'interdépendance accrue au sein de la société mondiale remet en cause la prémisse selon laquelle la politique nationale peut encore s'identifier au niveau territorial des frontières étatiques, autrement dit, au destin effectif de la société nationale. »[241]

Cette réduction de la capacité d'action territoriale de l'État moderne se traduit bien par le rétrécissement de son pouvoir politique, économique et social. C'est ainsi que ses choix politiques en termes d'élection présidentielle, de politique économique et sociale, ne s'identifient plus seulement à la sphère nationale, aux intérêts nationaux, mais aussi et davantage aux intérêts des marchés financiers, des firmes multinationales et de la communauté internationale qui les influencent considérablement. Ils le somment, en quelque sorte, de tenir compte d'eux sous peine de courir des risques de sanctions directes ou indirectes.

Bref, l'État-nation est contraint à l'ouverture, à la convergence avec ses pairs de la communauté internationale sous la houlette du capital. La communauté

---

[241] Jürgen HABERMAS, *op. cit.*, p. 60.

de destin qui lie les États-nations les uns aux autres, par le fait de la nouvelle dynamique du capital, limite donc le libre exercice de leurs compétences internes d'antan, notamment, de choisir leur destin social sur leur territoire. Avec la mondialisation, le capital a donc sonné le temps de la dénationalisation des États-nations.

Mais cela ne signifie pas que l'État-nation soit déjà mort et enterré, il vit encore, bien qu'il soit affaibli pour faire face aux sollicitations sociales croissantes de ses citoyens. Son travail n'est plus un travail de soi sur soi et pour soi dans le sens de l'autodétermination et de la maîtrise du destin de son peuple. Dorénavant, il doit travailler au renforcement du processus de son absorption mis en place par le capital qui réclame à grands cris, pour sa reproduction, la désertion des frontières nationales en vue de la création d'un État-mondial qui réorganise l'espace mondial pour le marché mondial. La signature des accords multilatéraux, que le capital fait signer aux États-nations dans le monde, illustre bien ce fait.

La mise en place de l'État-mondial ne se fera pas de façon linéaire ; car il faudra compter avec les mouvements de replis identitaires à caractères nationalistes et ethno-religieux et des différentes conjonctures qui vont s'imposer au capital. Tout compte fait, le processus, comme il se dessine à travers les entités et organisations interétatiques sous-régionales, régionales et mondiales, évoluera progressivement en passant de l'État-nation à l'État-sous régional, puis à l'Etat-régional et enfin à l'Etat-mondial.

Le concept d'État-mondial montre ici que malgré la disparition programmée de l'État-nation, l'État comme concept organisateur de la société capitaliste accompagnera toute l'histoire du capitalisme. Avec la mondialisation, il ne meurt pas; il se transforme. C'est certainement sous sa forme mondiale que la société capitaliste épuisera toutes les énergies de sauvetage de son système et s'offrira à l'appétit des forces subversives. Pour le dire autrement, la société post-capitaliste émergera dans le contexte de l'Etat-mondial. De ce fait, la réflexion sur l'avenir de l'État dans la perspective du nouvel ordre social, ne doit plus se faire dans l'esprit de l'État-nation, mais de l'État-mondial.

En travaillant donc à partir de l'hypothèse de l'État-mondial, comment pourrions-nous envisager l'organisation de la société post-capitaliste ? Devra-t-elle être une société non étatique et acéphale comme l'a théorisée Marx ? Ou devra-t-elle s'organiser en s'appuyant sur les institutions de l'Etat-mondial?

Il est certain que le changement des rapports de propriété que va provoquer la prise d'assaut des propriétés bourgeoises par les multitudes, comme susmentionné, rendra nécessaire un nouveau processus constituant pour réorganiser la société.

La recherche de ce nouveau processus constituant peut s'inspirer de Michaël Hardt et d'Antonio Negri. Dénonçant les limites de la démocratie représentative, ils en appellent à un nouveau processus constituant, dans le monde, qui devra reposer sur une éthique procédurale non pyramidale. Ce qui signifie que ce processus devra être horizontal et inclusif, donnant lieu à une participation égalitaire et démocratique des multitudes aux affaires publiques. Ils rompent ainsi avec la démocratie représentative qui est entrée en rupture de banc avec la base ces dernières années, et, mettent en l'honneur la participation directe au débat public et aux processus décisionnel. En s'inspirant d'eux, il est clair que, la construction politique de la société post-capitaliste ne sera pas le fait de quelques experts, mais le fruit d'une coopération de masse, le fruit du travail des multitudes, de l'ensemble de la société civile.

C'est ce que je pourrais appeler, pour paraphraser Rifkin, la wiki-constitution. « Un wiki, écrit Rifkin, est une entreprise de coopération entre des dizaines, des centaines, voire des milliers de gens, dont certains sont experts et d'autres des amateurs, généralement venus de multiples horizons, qui se réunissent pour partager leurs idées et résoudre des problèmes ».[242]

Cette procédure non hiérarchique, égalitaire et hyper-démocratique qui va présider à la constitution politique de la société post-capitaliste, pourrait ouvrir le champ d'une gouvernance plurielle et immanente. Déjà, la dynamique actuelle des forces productives de la société capitaliste mondiale, notamment les nouvelles technologies de l'information et de la communication est en train de nous conduire vers la mise en place du plateau technique devant aider à la réalisation de cette gouvernance plurielle et immanente. L'avènement et le développent de l'Etat-mondial bourgeois pourrait rendre plus mûre la réalisation de ce plateau technique.

Tout cela indique-t-il qu'on va vers la réalisation du vœu de Marx portant sur la disparition de l'État et la gestion acéphale, horizontale et inclusive de la société ? Il est très tôt pour se prononcer sur cette question. La philosophie sociale doit se garder de tirer des conclusions hâtives. Le nouveau débat sur la société post-capitaliste ne fait que de commencer. Les défis sont colossaux. Et nous devons multiplier les tribunes de rencontre et de discussion.

Cette conclusion à laquelle nous aboutissons, au terme de cet examen critique de la mondialisation du capital, à partir de la critique marxienne du mode de production capitaliste, nous conduit à nous interroger sur la forme de développement qui convient, à l'état actuel de l'histoire, au continent africain.

---

[242] Jeremy RIFKIN, *op. cit.* 497.

Autrement dit, pour se développer, l'Afrique doit-elle, oui ou non, reproduire la techno-économie capitaliste moderne ?

La seconde partie qui suit, répondra à cette double question.

Seconde partie
Marx, Nkrumah et la formation d'une théorie de développement en Afrique

Nul n'est besoin aujourd'hui d'être un initié de la philosophie sociale, ou des sciences sociales en général, pour constater que le paysage mondial, en termes économiques et sociaux, « se modifie rapidement »[243] en raison des grandes mutations technologiques. Le mode de production capitaliste, plus que jamais, s'internationalise et s'étend, avec une pression sans précédent, sur l'ensemble du globe. Cette dynamique nouvelle de la société capitaliste, brise l'isolement et l'autarcie locale et nationale. Devant ce contexte mondial nouveau, la problématique du développement s'impose à nouveau à l'Afrique comme une nécessité de fer, en termes d'orientations économiques et sociales à adopter pour s'inscrire avec succès dans l'évolution historique du monde.

Les États africains, en effet, font partie des espaces territoriaux de la planète nés de la reconfiguration du monde issue de l'impérialisme et de la colonisation du capital. Leurs populations ont été sorties de leur ancien isolement et leur repli ethno-tribal pour être intégrées au système du marché mondial. Mais elles restent encore dans la partie du globe appelée le tiers monde, c'est-à-dire l'ensemble des pays qui restent encore sous-développés.

La mondialisation du capital semble encore fragiliser leur situation économique et sociale. Dans ce contexte, comment l'Afrique peut-elle, alors, relever le défi du développement ?

Au lendemain de leur accession à l'indépendance, les leaders africains avaient très tôt réalisé qu'un grand défi les attendait. Il s'agissait de sortir l'Afrique de l'état de pauvreté que son contact avec l'Europe et son enrôlement forcé dans le jeu complexe de l'économie capitaliste moderne né de la révolution industrielle du XVIIIe siècle,

---

[243]Fay (V), *Marxisme et socialisme, théorie et stratégie,* Paris l'harmattan, 1999, p, 481.

avaient fait éclater au grand jour. Quelques extraits des discours de certains pères des indépendances en témoignent. De la sorte, à l'occasion de la commémoration de l'indépendance du Kenya le 12 décembre 1964, Jomo Kenyatta affirme ceci:

« Beaucoup de gens pensent que nous avons atteint l'uhuru (liberté en Kiswahili), que le soleil de la liberté brille, que la richesse tombera du ciel. Moi je vous dis que rien ne tombera du ciel. Nous devons travailler dur de nos mains pour sortir de la pauvreté, de l'ignorance et des maladies. »[244]

Quant à Modibo Kéita, il soutient que « c'est à présent que se joue l'avenir de notre pays et de notre peuple. C'est à présent que nous devons réussir ou échouer ».[245]

Si les Africains ont pris très tôt conscience de l'état malheureux de l'Afrique au sortir de la colonisation et de la nécessité de travailler dur pour lui construire un avenir meilleur, il ne se fait pas de doute cependant que le choix, en ce qui concerne la voie du développement, a été difficile à opérer. Les structures et les modes de production précoloniales sont démantelés. L'architecture économique et sociale créée par l'État colonial n'était qu'une architecture pour l'Europe. Et, pourtant, c'est de cette architecture économique et sociale qu'hérite l'Afrique indépendante.

Alors, fallait-il construire le développement de l'Afrique dans le sens de la direction économique et sociale tracée par l'État colonial ou fallait-il se frayer un chemin nouveau fondé sur une véritable architecture théorique économique et sociale pensée par l'Afrique et pour l'Afrique ? Telle fut la grande difficulté à laquelle

---

[244] Jomo KENYATTA, *Discours lors de la commémoration de l'indépendance du Kenya, 12 décembre 1964.*

[245] Modibo KEITA, *Message au peuple du Mali à l'occasion du nouvel an 1961.*

furent confrontés les Africains à la fin de la colonisation. Plusieurs pays ont hésité entre reconduire l'ordre économique et social colonial et se frayer un chemin de développement. Mais là où l'idée d'explorer un chemin nouveau de développement l'a emporté sur celui de la reproduction du modèle économique et social colonial, il a été question soit d'opérer une synthèse innovante entre le socialisme scientifique de Marx et les valeurs socio-économiques africaines, soit de revisiter et d'adopter exclusivement le socialisme naturel des sociétés ethno-tribales africaines. Pour les tenants de cette dernière option, l'Afrique doit retrouver son identité collective brisée par la colonisation. Le développement de ce fait n'a de sens que s'il permet à l'Afrique de renouer avec ses propres valeurs. Autrement dit, le développement doit être l'expression unique de la spécificité socio-économique africaine.

Chacune de ces deux options de développement a un théoricien : il s'agit d'un côté de Kwame Nkrumah et de l'autre de Julius Nyerere. Mais parmi ces deux théoriciens, le premier nommé retiendra beaucoup plus notre attention dans le chapitre qui suit en raison du fait qu'il inscrit sa théorie de développement dans la trajectoire conceptuelle et idéologique du socialisme scientifique de Marx et d'Engels.

Néanmoins, nous allons souligner en quelques mots la théorie de Julius Nyerere qui porte sa vision du développement de l'Afrique. Sa théorie sociale, il faut le souligner, s'affirme comme pensée socialiste. Cependant, le socialisme qu'elle revendique se veut essentiellement africain. De ce point de vue, Nyerere refuse tout ralliement avec la doctrine socialiste scientifique de Marx et Engels. Il leur reproche en effet, d'avoir fait, d'une part, de la lutte des classes le fondement nécessaire de l'histoire de toutes les sociétés, et d'autre part, d'avoir défini le socialisme comme une société qui procède nécessairement des contradictions du capitalisme. Dans son ouvrage *Socialisme, Démocratie et Unité africaine*, on peut bien lire son profond désaccord avec eux : « « Sans le capitalisme et les conflits que le capitalisme crée au sein de la société, il ne peut y avoir de socialisme ! » Encore une fois, je trouve inadmissible cet honneur fait au capitalisme par les théoriciens du socialisme européen. »[246]

Nyerere considère que la pensée socialiste africaine, en tant qu'elle repose sur le socialisme tribal fondé sur les liens familiaux, et donc, sur la répudiation systématique des notions de classe et de conflit, ne peut s'accommoder du socialisme marxisant, dit scientifique qui fait du conflit des classes sa base théorique. Le fondement et l'objectif du socialisme africain « c'est la « famille étendue ». »,[247] d'où le concept d'Ujamaa, qui veut dire fraternité en kiswahili, constitue son fondement théorique :

« Ce qui décrit donc notre socialisme, précise-t-il, c'est « UJAMAA », ou « Esprit de famille ». Il s'oppose au capitalisme qui compte sur l'exploitation de l'homme par l'homme… ; il s'oppose également au socialisme doctrinaire qui base la construction de sa société parfaite sur une philosophie qui affirme que le conflit entre l'homme et l'homme est inévitable. »[248]

La notion d'UJAMAA repose sur l'idée selon laquelle la société est une grande famille où tous les membres sont frères et donc soudés par les liens affectifs. De ce fait, ils travaillent de façon collaborative au bien de la famille et de chacun. L'idée de société-famille que développe Nyerere, à travers ce concept, transcende non seulement le

---

[246] Julius NYERERE, Socialisme, Démocratie et Unité africaine, trad. De Jean Mfoulou, Paris, Présence Africaine, 1970, p. 27.

[247] *Id.*

[248] *Ibid.* pp. 27-28.

cercle ethno-tribal, mais aussi, les frontières nationales. Le socialisme qu'il défend ici embrasse l'humanité dans sa diversité en ce sens qu'il considère que tous les êtres humains sur la terre sont des frères. De ce point de vue, il ne peut accepter de s'allier avec des prétendus frères pour «exterminer les « non-frères » ».[249] Une fois de plus, il attaque Marx, Engels et leurs épigones dont le socialisme est fondamentalement confligène dans la mesure où il prescrit le conflit, la violence comme moyens historiques nécessaires aux prolétaires pour renverser et soumettre les bourgeois considérés comme leurs ennemis. Pour lui, ce socialisme n'est rien d'autre qu'un régime de terreur, de subversion, de haine et de vengeance « où la société est un mal ou un pis-aller. »[250]

La théorie de développement de Nyerere renvoie alors dos à dos le capitalisme et le socialisme scientifique, et ouvre une plate-forme de développement qui prend appui exclusivement sur les valeurs traditionnelles des peuples africains qu'il considère véritablement humanistes et inclusives. Il est donc en rupture de ban avec Nkrumah qui, tout en revendiquant dans sa théorie sociale les valeurs africaines, s'inscrit dans l'univers théorique de Marx et Engels comme nous le verrons dans les pages qui suivent.

---

[249] Julius NYERERE, *op. cit.*, p. 27

[250] Jean Mfoulou, *Introduction*, in Socialisme, Démocratie et Unité africaine, op. cit., p. 14

Chapitre 4
Kwame Nkrumah, le mode de production capitaliste et la question du développement en Afrique

Théoricien et militant de la révolution socialiste scientifique, Nkrumah s'est fortement montré critique à l'égard du mode de production capitaliste introduit en Afrique par les impérialistes et les colonisateurs. Sa critique de ce mode de production a abouti à la mise en place d'une théorie économique et sociale pour le développement de l'Afrique. Ce chapitre se propose alors de revisiter cette critique du capitalisme, d'une part, et, d'autre part, de faire une analyse critique de sa théorie de développement économique et social dans la perspective d'une réévaluation du cadre théorique du développement en Afrique.

4. A- Kwame Nkrumah, critique du mode de production capitaliste et théoricien d'une voie originale du développement en Afrique

Le rapport que Nkrumah entretient avec le mode de production capitaliste s'inscrit dans la dynamique de la lutte des classes et de la révolution socialiste scientifique initiées par Marx et Engels. Il voit dans ce mode de production qui a pris forme en Afrique à la faveur de l'impérialisme et du colonialisme, un cadre d'exploitation, d'asservissement et d'exclusion de la majorité des populations par une minorité blanche à côté de laquelle évolue une petite bourgeoisie noire.

La critique du capitalisme formulée par Nkrumah fonctionne autour de deux champs socio-économiques. Il s'agit de l'impérialisme et de la colonisation d'une part, et d'autre part, du néocolonialisme. La force de sa critique part de toute évidence du monde vécu, pour emprunter l'expression de Habermas, des peuples africains. Pour lui, en effet, les structures socio-économiques traditionnelles, reposaient sur la propriété collective.

« La conscience politique des masses africaines, écrit-il, est en quelque sorte née des structures socio-économiques traditionnelles. Dans la société de type communautaire, par exemple, la terre et les moyens de production étaient considérés comme des biens publics. C'était l'époque de la propriété publique. Le travail était non seulement une nécessité, mais une habitude. »[251]

L'impérialisme et le colonialisme qui ont transporté et établi le mode de production capitaliste en Afrique, ont sapé le fondement du monde vécu des populations africaines fondé sur la collectivisation de la propriété. En effet, sous les coups de « l'impérialisme et du colonialisme les structures socio-économiques, (…), s'effondrèrent, après l'introduction de cultures d'exportation telles que le cacao et le café. (…) Avec le capitalisme et l'individualisme, des tendances à la propriété privée se développèrent. Peu à peu, la société communautaire primitive se désintégra, et ce fut le déclin de l'esprit collectif. »[252]

En abolissant « la propriété terrienne communale au profit de la propriété privée »,[253]l'impérialisme et le colonialisme ont consacré l'expropriation des terres collectives au profit des Européens.

Cette « aliénation de la terre et de ses ressources naturelles, (…), provoqua l'apparition de deux secteurs

---

[251]Kwame NKRUMAH, *La lutte des classes*, trad. de Marie Aïda Bah-Diop, Paris, Présence Africaine, 1972, p. 15
[252]*Id.*
[253]*Ibid.*

économiques : les secteurs africains et européens, le premier subissant l'exploitation du second. L'agriculture de subsistance disparut peu à peu, et les africains se virent contraints se mettre au service des colonialistes qui capitalisèrent les profits qu'ils en tirèrent. »[254]

Nkrumah introduit ici une synonymie entre impérialisme, colonialisme et capitalisme, et, dénonce non seulement leur dynamique prédatrice des espaces vitaux des africains, mais aussi, leur démarche de paupérisation de ceux-ci. Chez lui, impérialisme, colonialisme et capitalisme fonctionnent dans une logique d'asservissement et de destruction des peuples africains. Ils sont en quelque sorte dans une dynamique de négation totale du progrès, du développement et du bien-être des Africains. L'oppression et l'exploitation auxquelles ils soumettent l'Afrique constituent un déni de développement.

Pour ce faire, Nkrumah appelle à une action de libération des peuples africains du double joug colonial et capitaliste. Pour lui, les indépendances africaines, fruits des luttes anticoloniales des masses populaires, ont trahi l'attente de l'Afrique. Au lieu d'ouvrir au continent une voie originale de développement qui prend en compte le monde vécu de ces masses populaires, ces indépendances ont plutôt reproduit le mode de production capitaliste apporté par les colons.

De ce fait, les indépendances sont transformées purement et simplement en néocolonialisme, avec l'introduction de nouveaux acteurs dans le jeu d'exploitation des masses populaires. Ces nouveaux acteurs, ce sont les gouvernants locaux et l'élite africaine européanisée. Tous deux forment une bourgeoisie africaine dont « l'alliance avec le néocolonialisme et les

---

[254]*Ibid.*

monopoles financiers capitalistes internationaux la met donc en conflit direct avec les masses africaines. »[255]

L'intérêt de cette bourgeoisie réside dans le maintien des structures socio-économiques capitalistes. De ce fait elle a fait des indépendances en Afrique une décolonisation conservatrice dans la mesure où les structures socio-économiques coloniales ont été reconduites et redimensionnées.

Pour Nkrumah, ce choix économique et social est très préjudiciable à l'Afrique. Il ne peut permettre son développement, car il ne fait que le lit des prédateurs capitalistes internationaux. Il faut donc changer de perspective économique et sociale. Il se propose alors de redéfinir la voie du développement en Afrique.

La théorie de développement qu'il propose se réclame du « socialisme scientifique ».[256] Il inscrit ainsi sa théorie de développement dans la dynamique du mouvement socialiste scientifique inauguré par Marx et Engels. L'emprunt qu'il fait des concepts de « luttes des classes », de « bourgeoisie », de « prolétariat moderne », et de « de révolution socialiste » à ces deux penseurs, dans son ouvrage « La lutte des classes en Afrique. », marque bien cette adhésion de Nkrumah à la théorie socio-économique de Marx.

La théorie de développement de Nkrumah, en effet, intègre l'Afrique à la lutte mondiale contre le capitalisme et donc à la révolution « socialiste mondiale ».[257]Il veut ainsi que le continent africain participe au triomphe de « la révolution socialiste internationale », puisque « cela fera progresser le monde vers le communisme auquel tendent

[255] Kwame NKRUMAH, *op cit.,* p. 11

[256]*Id,*

[257] Kwame NKRUMAH, *La lutte des classes*, op cit., p. 107.

toutes les sociétés, selon le principe : de chacun selon ses capacités, à chacun selon ses besoins. »[258]

Cependant, bien qu'elle s'inspire de la théorie socio-économique de Marx, la théorie de développement de Nkrumah réclame son originalité.

Cette originalité se trouve dans le concept de consciencisme. Mais qu'est-ce que le consciencisme ? Dans ce concept, Nkrumah insiste sur la notion de renaissance africaine. Celle-ci est appelée à être le socle sur lequel l'on devra bâtir le développement socio-économique en Afrique. Elle doit prendre forme à partir des éléments socio-économiques et culturels des peuples africains. Il s'agit donc de bâtir les structures socio-économiques de l'Afrique moderne à partir du monde vécu des masses africaines.

Ainsi, le consciencisme, en tant que philosophie sociale, « doit trouver ses armes dans le milieu et les conditions de vie du peuple africain ».[259]En partant donc de l'état actuel de la conscience africaine, il « indique par quelle voie le progrès sera tiré du conflit qui agite actuellement cette conscience ».[260]Ce qui revient à dire que le consciencisme revendique un développement fondé à la fois sur les valeurs socio-économiques traditionnelles et les éléments des cultures musulmanes et euro-chrétiennes présentes dans le monde vécu du peuple africain.

En effet, l'introduction de l'Islam et du Christianisme en Afrique, a créé de nouveaux pôles de valeurs socioculturelles dans la conscience africaine. De ce fait, il faudra désormais compter avec ces nouveaux pôles de valeurs dans la détermination de l'identité africaine et dans

---

[258]*Id.* p. 108

[259]Kwame NKRUMAH, *Consciencisme*, trad. L. Jospin, Paris, Payot, 1964, p. 120.

[260]*Id.*

la mise en place d'une théorie économique et sociale qui satisfasse au besoin de développement du continent.

Compter avec ces nouvelles valeurs ne signifie pas qu'il faille tomber dans le mimétisme, mais bien au contraire les adapter aux expériences socio-économiques et culturelles des sociétés traditionnelles africaines. Il s'agit de toute évidence pour Nkrumah de réaliser une sorte de « melting pot » et en faire le socle du développement de l'Afrique. D'ou le consciencisme se propose de réaliser le cadre théorique de ce « melting pot » : « Le consciencisme, écrit Nkrumah, est l'ensemble, en termes intellectuels, de l'organisation des forces qui permettront à la société africaine d'assimiler les éléments musulmans et euro-chrétiens présents en Afrique et les transformer de façon à ce qu'ils s'insèrent dans la personnalité africaine. »[261]

Tout compte fait, la théorie sociale et économique de Nkrumah, bien qu'elle revendique le monde vécu du peuple africain comme cadre de création théorique de la voie du développement en Afrique, reste enracinée dans la dynamique du socialisme scientifique. Bref, sa théorie de développement vise à tirer l'Afrique « vers le communisme auquel tendent toutes les sociétés »[262] comme le prévoit la théorie marxienne de l'histoire des modes de production économique.

La théorie de développement de Nkrumah ainsi esquissée, mérite une réflexion critique.

---

[261]Kwame NKRUMAH, *Consciencisme*, op cit., p. 120
[262]*Ibid,*

4.-B- La théorie sociale de développement de Nkrumah mise en critique avec Marx

La théorie de développement socio-économique de Nkrumah, telle que nous l'avons exposée, se pose avant tout comme refus systématique de la reproduction du mode de production capitaliste. Elle considère que toute reproduction de celui-ci revient, d'une part, à achever le procès de démantèlement des structures socio-économiques traditionnelles et, d'autre part, à favoriser le pillage systématique des ressources du continent par la bourgeoisie occidentale. Ce qui signifie clairement que toute tentative de reproduction du mode de production capitaliste compromet le développement de l'Afrique et le bien-être de son peuple. L'enjeu donc de la théorie sociale et économique de Nkrumah est le développement d'une économie socialiste en Afrique à partir du monde vécu de son peuple.

Cette approche du développement a, semble-t-il, fait écho chez Samir Amin et Biaka Zasseli. Ils appellent les africains à sortir du système techno-économique capitaliste pour rechercher en eux-mêmes les ressorts de leur développement. Ils veulent conduire l'Afrique à revoir son rapport au développement en partant de ses propres valeurs.

Samir Amin se propose, en effet, de faire la psychanalyse du sous-développement de l'Afrique. Ses résultats montrent que le sous-développement des pays africains résulte de deux faits socio-économiques fondamentaux. Il s'agit, d'une part, du processus d'occidentalisation forcée de l'Afrique, mené par l'impérialisme et le colonialisme et, d'autre part, de la dynamique de reproduction servile du capitalisme colonial par les États post-coloniaux. Le reproche qu'il fait aux pays africains est de s'être séparés de leur passé en voulant rattraper l'Occident.

Il considère que le modèle de développement occidental résulte d'une évolution socio-économique et politique d'un type particulier de la formation sociale dans le monde et d'un processus de développement lié à une partie de l'humanité et à un stade particulier de l'histoire. De ce fait, les pays du sud, notamment les pays africains, ont greffé ce modèle occidental sur des structures sociales et économiques ayant connu une évolution historique tout à fait différente. C'est pourquoi ces pays se voient confronter à une série de crises graves, notamment socio-économiques qu'ils n'arrivent pas à gérer. Dès lors, ils sont contraints de suivre, en claudiquant, l'histoire des sociétés occidentales. Il en résulte que les crises que ces pays occidentaux connaissent se trouvent d'une façon plus accentuée chez eux.

Ainsi, Samir Amin propose-t-il la déconnexion des pays du sud du système économique et social mondial mise en place par les occidentaux depuis la révolution industrielle du XVIIIe siècle. Pour lui :

« L'option en faveur de la déconnexion doit être discutée en termes politiques. Cette proposition résulte d'une interprétation selon laquelle les contraintes de l'économie ne sont absolues que pour ceux qui acceptent l'aliénation marchande propre au capitalisme, et fait alors de celui-ci un système historique à vocation éternelle. »[263]

Il voit, en effet, en la déconnexion, la seule voie ouverte aux pays du sud, notamment, les pays africains, pour faire face au défi du développement. Sortir du paradigme de développement techno-économique initié par l'Occident, pour inventer ses propres voies de développement qui tiennent compte du destin naturel des

---

263 Samir AMIN, *La déconnexion pour sortir du système mondial,* Paris, La découverte, 1993, p. 6

sociétés ethno-tribales, tel semble bien à ses yeux ce que l'Afrique doit faire pour se développer.

Biaka Zasseli ne dit pas le contraire. Pour lui, le sous-développement des pays africains est la conséquence directe de la colonisation. Celle-ci, en effet, en assurant « la privation de la communauté ethno-tribale de son pouvoir d'autosuffisance matérielle, entraîne donc la mutilation de son être propre ou pour le dire autrement, le rabougrissement de la vie des hommes. »[264]

De ce fait, « le sous-développement économique, la pauvreté matérielle croissante des hommes sont tous à la fois les conséquences et les manifestations visibles d'un phénomène profond, pratiquement indicible, celui d'un appauvrissement métaphysique, d'une perte ontologique qu'on pourrait appeler le retrait de l'africanité. »[265]

« Le retrait de l'africanité », entendu ici comme « l'abandon de la rationalité ethno-tribale », et la perte de l'Afrique « de son pouvoir d'autoproduction et donc de sa nature initiale »,[266] est, selon Biaka, la cause fondamentale du sous-développement des pays africains. De ce fait, il invite l'Afrique à revenir à elle-même et à partir d'elle-même, définir et construire son développement ;

Au regard des propos de ces deux auteurs, il ne se fait donc pas de doute que la théorie sociale et économique de Nkrumah, constitue une avancée théorique importante dans le procès de détermination d'une voie de développement des pays africains. Cette avancée théorique repose surtout sur la nécessité d'intégrer les valeurs du ‘‘monde vécu’’ des africains dans le processus de développement en Afrique.

---

[264]Zasseli BIAKA, *La philosophie de la libération de Marcuse et la problématique du développement techno-économique des Etats africains, i*n revue CAMES, Série B, vol 004, 2002, p. 109.
[265]*Id.*
[266]*Ibid.*

Mais à mon avis, la théorie de développement de Nkrumah souffre d'une grave contradiction. En effet, il inscrit sa théorie sociale et économique dans « la révolution socialiste internationale » qui « fera progresser le monde vers le communisme auquel tendent toutes sociétés. »[267]

Or, dans le procès de l'histoire des modes de production mis en lumière par Marx et auquel il se réfère, la révolution socialiste et la naissance du communisme ne sont possibles que là où le capitalisme connaît un plein essor et pousse ses contradictions à un niveau qui anéantisse complètement ses capacités de réaction et de restructuration. Nkrumah lui-même semble bien connaître ce point de la théorie de l'histoire des modes de production élaborée par Marx. Il écrit en effet que « plus il se développe, plus le capitalisme est anarchique. La révolution socialiste en est donc l'aboutissement logique et inévitable. »[268]

De ce fait, comment peut-il proposer une théorie de développement de l'Afrique d'essence socialiste scientifique et communiste alors que le mode de production capitaliste n'était qu'à sa phase embryonnaire sur le continent ? Dans son ouvrage « Lutte des classes en Afrique », il affirme l'absolu nécessité pour les masses de détenir les moyens de production. Ces expressions du socialisme scientifique de Marx ne sont opératoires que dans les sociétés industrielles modernes. Elles y désignent respectivement les travailleurs modernes et les moyens techniques modernes de production. Dans le contexte économique et social africain, elles sont donc non opératoires d'autant plus que l'Afrique est sous industrialisée. La quasi-totalité du territoire africain est, pour emprunter, les mots de Nkrumah lui-même, « encore

---

[267] Kwame NKRUMAH, *Consciencisme*, op.cit.; p. 1O8.

[268]Kwame NKRUMAH, *op cit.,* p. 99

à un stade communautaire et féodal » ou garde « encore le mode de vie traditionnel ».

Le petit tissu industriel présent sur le continent est dominé par le capital étranger ; et les travailleurs modernes africains sont loin d'assumer eux-mêmes le destin industriel de l'Afrique dans le cadre d'une révolution socialiste. Il est, de ce fait, irrecevable, du point de vue de l'histoire des modes de production, de soumettre l'Afrique à une théorie de développement réfutant catégoriquement la techno-économie capitaliste.

Pour le dire autrement, Nkrumah devrait comprendre que le mode de production capitaliste constitue un saut qualificatif dans le procès de l'histoire des modes de production. Il est en quelque sorte une marque de progrès de l'histoire de l'humanité par rapport au mode de production précédent, c'est-à-dire la société féodale. Dans la marche progressiste de la civilisation, le mode de production capitaliste se pose dès lors comme un progrès historique de la civilisation. C'est pourquoi, Marx lui attribue une fonction hautement historique à la fois par rapport à la société féodale qu'il a détruite et à la société communiste dont il favorisera la naissance. Et je vois que dans cette théorie de l'histoire des modes de production, Marx énonce en quelque sorte une théorie de développement avant la lettre.

La notion du développement n'apparaît certes pas de façon explicite dans ses œuvres d'économie politique. Il est cependant indéniable qu'elle y figure implicitement. Ainsi, une lecture du Manifeste du parti communiste, du Travail salarié et capital ainsi que du Capital, permet de mettre en lumière sa conception du développement.

La théorie marxienne de développement souscrit, en effet, à l'idée de l'évolutionnisme économique et social. Elle considère que l'évolution des sociétés est progressive, c'est-à-dire, part des modes de production économiques et sociaux archaïques vers la mise en place d'un mode de production moderne. Cette modernité est définie elle-même par rapport au progrès des forces productives, notamment, des moyens techniques de production.

Marx s'inspire de la théorie de l'évolution de l'anthropologie culturelle d'inspiration darwiniste. Celle-ci, en effet, affirme un évolutionnisme linéaire social et culturel. Il en résulte que l'humanité évoluerait à partir de l'état sauvage vers la civilisation en passant par des phases successives de développement. Chacune de ces phases est caractérisée par des innovations technologiques. Ainsi, la technologie y apparaît comme un facteur essentiel déterminant le développement des sociétés humaines et entraînant des formes spécifiques du régime de propriété.

Il ressort que le processus de développement des sociétés humaines se traduit par le remplacement progressif d'une société devenue obsolète, arriérée à un certain stade de développement des moyens de production et d'échange par une autre supérieure en raison de l'état développé de ses forces productives et de ses moyens d'échange. C'est ainsi que « la société antique, la société féodale, la société bourgeoise sont de tels ensembles de rapports de production dont chacune désigne un stade particulier de l'évolution historique de l'humanité. »[269]

Le concept de développement s'inscrit, de ce point de vue, dans la relativité historique. Il repose sur la comparaison des modes de production dans l'histoire. De ce fait, le mode de production féodal se présente comme un mode de production développé quand il est mis en rapport avec la société antique, mais, il pâlît devant le mode de production bourgeois qui le déprécie, le déclasse et le frappe d'obsolescence. À cet égard, la société bourgeoise se présente comme un modèle de développement lorsqu'on le met en relation avec la société

[269] Karl MARX, *Le travail salarié et capital,* op. cit., p. 212

féodale et la société antique. « La bourgeoisie, écrivent Marx et Engels, (…) a montré ce que l'activité humaine est capable de réaliser. Elle a accompli des merveilles qui sont autre chose que les pyramides égyptiennes, les aqueducs romains, les cathédrales gotiques ; les expéditions qu'elle a menées à bien, surpassent de loin les grandes invasions et les croisades. »[270]

Marx et Engels sont fascinés par le niveau d'évolution auquel la société bourgeoise a conduit l'histoire de l'humanité. Cette société leur apparaît comme le signe d'un véritable progrès de l'humanité. Elle traduit avec éloquence l'idée même de civilisation avancée :

« Au cours de sa domination de classe à peine séculaire, la bourgeoisie a créé des forces productives plus massives et plus colossales que ne l'avaient fait toutes les générations passées dans leur ensemble. Asservissement des forces de la nature, machinisme, application de la chimie à l'industrie et à l'agriculture, navigation à vapeur, chemin de fer, télégraphe électrique.»[271]

Dans cette perspective, la société capitaliste se révèle comme une référence en matière de développement. Elle n'est certes pas le développement achevé, puisqu'elle doit céder la place à la société communiste qui, dans l'horizon de l'histoire des modes de production, achève le procès de l'évolution des sociétés humaines. Mais, la société capitaliste reste chez Marx un modèle de développement à suivre, parce qu'elle surpasse toutes les formes de sociétés antérieures et prépare le terrain pour l'avènement du développement achevé de l'histoire de l'humanité.

Le processus de développement n'apparaît donc pas chez lui comme une course, une quête sans fin aussi bien dans le contexte des pays développés que celui des pays

---

[270] Karl MARX et Friedrich ENGELS, *Manifeste du Parti Communiste,* op. cit., p. 164

[271]*Id,* p. 166

sous-développés. Bien au contraire, il y a un état final déterminé à atteindre : c'est la société communiste. Mais, avant d'accéder à cette société communiste, il faut avoir fait l'expérience inévitable du développement tel qu'il s'exprime dans la société capitaliste. Le mode de production capitaliste est, pour ainsi dire, la voie incontournable du développement.

Depuis la révolution industrielle qui l'a promue dans l'histoire, la société capitaliste est devenue l'unité de mesure qui permet de jauger du niveau d'évolution des civilisations dans le monde. Les termes « pays barbares et demi barbares »,[272] « les nations paysannes »[273] chez Marx et Engels ne se comprennent que dans la perspective de la société capitaliste. Celle-ci montre l'image de l'avenir qui attend les pays barbares, demi barbares et paysans. D'où la notion de sous-développement n'a de sens que dans l'horizon historique tracé par la société capitaliste moderne. L'Allemagne était encore un pays sous-développé, « une société arriérée » aux yeux de Marx, aussi longtemps que des circonstances historiques particulières pouvaient encore arrêter chez elle l'essor de la production capitaliste et, partant, le développement de la société moderne.

Si le concept de sous-développement a été introduit tout récemment, c'est-à-dire à la fin des années 50 par François Perroux, dans le système conceptuel des théories de développement, il ne reste pas moins présent chez Marx. Il y apparaît comme l'état des sociétés qui n'ont pas encore atteint le niveau de développement de la société capitaliste ou qui ne sont pas encore engagées dans le modèle de développement capitaliste.

---

[272]Karl MARX et Friedrich ENGELS, *Manifeste du parti Communiste,* op. cit., p. 166

[273]*Id,*

Les notions de « pays barbares » de « demi barbares » et de « nations paysannes » dans le Manifeste du Parti Communiste, traduisent des variantes du sous-développement chez Marx et Engels. Les signes du sous-développement de ce fait sont entre autres :

-La prédominance de l'économie de subsistance caractéristique des « pays barbares et semi barbares » qui sont dans les couches inférieures du sous-développement.

-La spécialisation primaire dans le cadre de la division internationale du travail concerne les « nations paysannes » qui occupent les couches supérieures du sous-développement.

Les conditions dans lesquelles les sociétés sous-développées produisent et commercent, immobilisent les forces de production et les moyens d'échange « dans la rouille, avec leurs cortèges d'idées, d'opinions admises et vénérées »[274]tandis que les pays capitalistes se caractérisent par leur dynamisme et leur créativité continue.

En clair, la société capitaliste constitue l'unité de mesure qui permet d'évaluer les rapports de chaque nation au développement. C'est pourquoi, chez Marx, les concepts qui expriment la domination capitaliste sur le monde non capitaliste, notamment l'impérialisme et le colonialisme, ont dans le fond une connotation positive.

Ainsi, il soutient que la colonisation, bien qu'elle entraîne le démantèlement et la déréglementation des cadres socio-économiques de perception de soi des sociétés indigènes, réalise une mission civilisatrice. En effet, il estime qu'elle fait sortir ces sociétés de leur autarcie et de leur immobilisme pour les inscrire dans la dynamique de l'histoire universelle. Marx a toujours considéré le mode de production capitaliste comme un

---

[274]Karl MARX, Extrait de la post-face de la seconde édition allemande du Capital, in Ouvres I, économie I, op, cit., p. 552

signe de progrès. Et comme tel, ce mode de production indique à chaque société humaine le destin historique qui l'attend et vers lequel elle doit courir. Il en résulte donc que la colonisation, en forçant les sociétés indigènes à emprunter la voie du paradigme de développement capitaliste, les désagrège certes, mais crée en même temps les conditions de leur progrès, de leur développement.

Son article sur la domination britannique aux Indes paru dans le New York tribune du 08 août 1853, exprime sans ambiguïté cette mission à la fois destructrice et constructive de la colonisation :

« L'Angleterre, écrit-il, doit accomplir dans l'Inde, une double mission, destructrice et créatrice : l'anéantissement de l'ancien ordre social asiatique et la création de fondements matériels pour un ordre occidental en Asie. »[275]

Marx souligne que les modes de production précapitalistes privent l'esprit humain de toute grandeur et de son énergie créatrice. Quelle qu'ait pu être la gravité de ses contradictions, le mode de production capitaliste, est à ses yeux, l'instrument involontaire et inconscient de l'histoire pour le progrès de l'humanité vers sa destinée : la société communiste. De ce fait, l'ensemble des nations non capitalistes, ne peuvent progresser sur la route de l'histoire des modes de production, qu'en se transformant en sociétés capitalistes.

Il indique donc clairement que le concept moderne de développement passe par la reproduction du système industriel capitaliste. Celui-là même qui appelle, avec force, au renversement de ce mode de production, c'est lui qui, paradoxalement, démontre qu'il constitue un modèle de développement dans le procès de l'évolution de l'humanité. En un mot, en même temps qu'il se pose en

---

[275] Karl MARX, *La domination britannique en Inde,* in New York Tribune, 08 août 1853.

ennemi juré du mode de production capitaliste, par la dénonciation de ses contradictions, il se pose étonnamment comme son avocat devant le tribunal de l'histoire des modes de production. En mettant au jour les lois qui président à la naissance, au développement et à la disparition des modes de production dans le procès de l'histoire des civilisations, il a mis en valeur le rôle progressiste du mode de production capitaliste qui, à ses yeux, constitue un progrès de la civilisation universelle, bien qu'il soit destiné à céder le pas au communisme.

Marx peut être accusé d'eurocentrisme certes, mais en fait, avec l'évolution actuelle de l'histoire, sa posture fait figure d'un réalisme historique, économique et social vrai.

Il a compris, mieux que quiconque, le destin universel du système de production capitaliste.

À partir donc de ce qui vient d'être noté, on peut, contre Nkrumah, recommander aujourd'hui la reproduction de la techno-économie capitaliste aux pays africains. Pour le dire autrement, l'Afrique doit s'inscrire dans la production capitaliste si elle veut exister et participer à la construction de l'histoire universelle.

Chapitre 5
L'Afrique doit être capitaliste ou périr

En considérant la théorie marxienne de l'histoire des modes de production et son cadre de validation empirique que constitue la mondialisation, il est bien clair que l'Afrique doit nécessairement être capitaliste. Pour être plus précis, l'Afrique doit être capitaliste ou périr. Il n'y a pas de tierce voie. Marx a bien souligné avec une exceptionnelle clairvoyance que « la bourgeoisie contraint toutes les nations sous peine de courir à leur perte, à adopter le mode de production bourgeois ».[276]Pour donc exister comme membre à part entière de la communauté humaine mondiale, chaque nation doit adopter le capitalisme. Toute théorie de développement en Afrique qui contredit cette orientation théorique est une alchimie, une pseudo-théorie de développement. Elle veut vendre des illusions aux africains.

Dès lors, la critique marxienne du système de production capitaliste devient dans une certaine mesure, un guide pour construire une théorie de développement en faveur des nations, comme l'Afrique, qui ont tenté sans succès leur aventure au développement.

C'est pourquoi, dans ce chapitre, nous nous proposons d'exploiter la critique marxienne de la société bourgeoise pour formuler une théorie de développement en Afrique. Il sera question de mettre en lumière la nécessité historique pour elle de s'approprier le système industriel du capital.

Cela relevé, l'adoption du mode de production capitaliste doit se faire à travers la maîtrise de la rationalité technologique.

---

[276] Karl MARX et Friedrich ENGELS, op. cit.

5.A- La maîtrise de la rationalité technologique comme gage de l'adoption du mode de production capitaliste en Afrique

Le tableau de l'évolution économique en Afrique montre que la physionomie de l'économie africaine est difforme, hybride. Cet hybridisme contre-productif se traduit par un fil séparant une modernité industrielle et étrangère et une économie indigène caractérisée par le bricolage et l'informel. La prévalence de cette économie de bricolage dans l'économie africaine est la résultante de l'échec de l'aventure africaine au développement.

Mais l'Afrique ne peut et ne doit demeurer dans cette posture socio-économique mi-figue mi-raisin. Son devoir historique est d'en sortir pour entrer dans la sphère de la techno-économie capitaliste. Jetée à marche forcée dans l'arène du marché mondial et de l'universalité abstraite de l'économie bourgeoise moderne par la voie de l'impérialisme et de la colonisation, l'Afrique est aujourd'hui obligée de s'inscrire dans un processus de domestication de la techno-économie bourgeoise.

Deux raisons fondamentales justifient cette nécessité historique qui s'impose au continent de s'approprier la techno-économie capitaliste. La première raison concerne son besoin de survie et la seconde, quant à elle, est d'ordre prospectif.

Le besoin de survie du continent comme une des raisons clés devant pousser les africains à adopter de façon intégrale la techno-économie capitaliste, s'enracine dans ces propos de Marx et Engels que nous avons déjà cités : « contraint toutes les nations sous peine de courir à leur perte, à adopter le mode de production bourgeois. »[277]

---

[277] Karl MARX et Friedrich ENGELS, *Manifeste du Parti Communiste,* op, cit.

Cette contrainte, à la lumière de la marche actuelle de la techno-économie à l'échelle mondiale, peut s'analyser à un triple niveau. Le premier est le marché mondial des marchandises ; le deuxième niveau est le marché mondial des capitaux et le troisième, le marché mondial du travail.

En ce qui concerne le marché des marchandises, il est à souligner qu'il constitue le lieu de réalisation des valeurs des produits du travail social. Et comme tel, le marché des marchandises agit sur la trajectoire de la production économique dans le monde, et sur l'ensemble des rapports sociaux de production. La valeur en tant que déterminant de la nature générale du profit, est et reste l'enjeu du processus de fonctionnement de la production capitaliste qui va de la zone de production à la sphère de la circulation de la marchandise.

Pour Marx, en effet, les valeurs des marchandises sont déterminées « par les quantités respectives ou somme de travail dépensées, réalisées, fixées en elles ».[278] Autrement dit, l'on fixe la valeur d'une marchandise en fonction de la quantité de travail consacrée à sa réalisation et à sa production. Mais les termes « quantité de travail consacrée à sa réalisation » doivent être bien précisés ici afin de lever toute équivoque. Si l'équivoque n'est pas levée, le commun des mortels pensera comme l'écrit Marx, que « plus un homme va être paresseux, plus il va être maladroit, et plus sa marchandise aura de la valeur, puisqu'il aura fallu un temps de travail plus long pour l'achever ».[279]Et dans ce cas de figure « ce serait une triste erreur. »[280]

Les termes « quantité de travail consacrée à sa réalisation ou à sa production » doivent s'entendre chez Marx, comme quantité de travail socialement nécessaire à

---

[278]*Id.,* p. 502
[279]*Id.*
[280]*Ibid.*

sa production. Autrement dit, « entendons par là la quantité de travail nécessaire pour cette production dans un état donné de la société, dans des conditions moyennes de production avec une moyenne sociale d'intensité et d'habileté dans le travail employé. »[281]

Ici encore, il faut percevoir derrière les notions de « quantité de travail socialement nécessaire à la production », l'idée de temps de travail socialement nécessaire à la production d'une marchandise quelconque. Dans Le Capital, Marx apporte cette précision de taille :

« La quantité de travail, écrit-il, elle-même a pour mesure sa durée dans le temps, et le temps de travail possède de nouveau sa mesure dans des parties du temps telles que l'heure, le jour, etc. [...] C'est donc seulement le quantum de travail ou le temps de travail nécessaire, dans une société donnée, à la production d'un article, qui en détermine la quantité de valeur. »[282]

En clair, la valeur des marchandises qui se rencontrent sur le marché se détermine sans égard aux conditions particulières de leur production, mais aux conditions générales de production. De ce fait, dans le contexte actuel de la mondialisation, le temps de travail socialement nécessaire à la production va se mesurer non pas par rapport à la force de travail nationale, mais plutôt, par rapport à la force de travail de la société mondiale. En d'autres termes, sur le marché mondial, les marchandises s'échangeront, non sur la base des conditions particulières de leur production, mais au regard du temps socialement nécessaire à la production de la société mondiale.

Ce temps socialement nécessaire à la production, dans la présente société mondiale, connaîtra une instabilité inégalée dans l'histoire. Cette instabilité aura pour cause la

---

[281] *Ibid.*

[282] Karl MARX, *Le Capital,* op. cit., pp. 565-566

« modification de la force productive du travail, qui de son côté dépend de circonstances diverses, entre autres de l'habileté moyenne des travailleurs, du développement de la science et du degré de son application technologique, des combinaisons sociales de la production, de l'étendue et de l'efficacité des moyens de production et des conditions purement naturelles. »[283]

La maîtrise et la modification constante du temps socialement nécessaire à la production, en raison de la concurrence impitoyable sur le marché, deviendront une source de puissance économique. En effet, pour qu'un producteur arrive à évincer son concurrent sur le marché, il faut qu'il vende moins cher que lui. Et pour vendre moins cher sans faire faillite, « il faut qu'il produise à meilleur marché, c'est-à-dire qu'il augmente au maximum la productivité du travail. »[284]Mais que signifie concrètement « qu'il augmente la productivité du travail » ? Ces termes, en fait, renvoient à la réduction optimale du temps de travail nécessaire à la production. Autrement dit, augmenter au maximum la productivité du travail c'est réduire de façon optimale le temps nécessaire à la réalisation d'une marchandise de sorte à produire plus en un temps réduit.

Le concept moderne de performance est ainsi lié à cette réduction continue du temps de travail nécessaire à la production. Il en résulte que la performance d'une économie aujourd'hui, dépend de son extrême maîtrise du temps socialement nécessaire à la production. Et au cœur de cette dynamique de maîtrise extrême du temps socialement nécessaire à la production, se trouve le développement de la science et du niveau de son application technologique. Autrement dit, le progrès des

---

[283] *Ibid.*

[284] Karl MARX, *Travail salarié et capital*, op. cit., p. 222

sciences et des technologies est au centre des stratégies capitalistes de réduction du temps de travail socialement nécessaire à la réalisation des marchandises. C'est pourquoi, les sociétés industrielles avancées investissent sans relâche dans les recherches scientifiques et l'innovation technologique afin de s'affirmer sur le marché mondial.

Il apparaît dès lors nécessaire que chaque nation, sous peine de courir à sa perte, doive moderniser de façon continue, en termes technologiques, son rapport au temps de production et même de circulation des marchandises. Le développement technologique dans le procès de production et de circulation n'est pas un luxe dans ce XXIe siècle, mais une question de vie ou de mort. Le développement des technologies dans le procès de production et de circulation des marchandises est, plus que jamais, devenu un destin mondial que chaque peuple, chaque nation doit assumer.

Comme l'a écrit Jacques Ellul, « la technique était traditionnellement englobée dans une civilisation dont elle fait partie. Maintenant, c'est la technique dont tout dépend. »[285]La technique moderne fait rentrer le monde et toutes ses articulations dans ses grilles, dans son « logiciel » techno-économique. Elle a soumis le monde de la production, le marché mondial aux règles de conformisme, de l'uniformisation et de l'existence unidimensionnelle.

L'ordre technologique qui régit le monde économique oblige donc l'Afrique, sous peine de courir à sa perte, à faire sienne la rationalité technologique. Le procès d'homogénéisation des économies la contraint à exister par l'intégration des méthodes d'organisation du travail

---

[285] Jacques ELLUL, *Le système technicien,* Paris, Callmann Levy, 1977, p. 274.

universel. Cette universalité, en effet, s'exprime dans la rationalité technologique.

La rationalité technologique, il est vrai, est soupçonnée de façon récurrente d'être exclusivement un mode de pensée, un savoir-faire de la culture occidentale. À cet égard, elle fait l'objet d'une méfiance en ce qui concerne les questions de développement en Afrique. Mais, ce qu'il convient de comprendre c'est qu'elle ne saurait en réalité être réduite à la culture occidentale. L'inscrire dans les limites de l'identité culturelle occidentale, c'est avant tout la ramener au niveau des us et coutumes, de la doxa, c'est-à-dire de l'opinion. C'est faire comme si tous les citoyens occidentaux pouvaient, sans coup férir, maîtriser la technologie.

En réalité, la rationalité technologique transcende l'accidentalité. Elle relève du processus d'évolution historique des modes de production de l'humanité. De ce point de vue, l'Occident, pour emprunter les termes de Marx, n'a été, pour ainsi dire, que son « véhicule passif et inconscient. »[286] C'est pourquoi l'histoire de la technologie et de ses pôles d'expression et de domination ne s'enferment plus dans les frontières occidentales. Aujourd'hui, l'Orient (Japon, Chine, Corée du Sud) est devenu non seulement un espace où cette histoire se poursuit, mais également un pôle de domination technologique.

L'Afrique doit donc sans hésiter, inscrire la rationalité technologique dans le procès de production sociale et économique. Le marché mondial où circulent les richesses sociales de la planète ne parle que le langage de la technologie. Ainsi, la répartition des richesses mondiales est tributaire du niveau de développement technologique des nations. Le succès sur le marché mondial dépend, pour ainsi dire, du niveau de technologie acquis. Plus une

---

[286] Karl MARX, *le Capital,* op. cit.

nation développe les techniques de production de pointe, plus elle se fraie un espace plus juteux sur ce marché.

Comme nous le faisons remarquer, le marché mondial est un espace de haute compétition cosmopolite. Celle-ci exige de chaque producteur de vendre à meilleur marché que les autres. Cette exigence de compétitivité nécessite que notre rapport au temps de production soit soumis aux règles de gestion rationnelle. Ce qui revient à dire qu'il faut procéder à une extrême maîtrise du temps nécessaire à la réalisation des marchandises. Autrement dit, il faut davantage comprimer le temps nécessaire à la production de sorte à produire plus en un temps très réduit. Réussir une telle performance demande que l'on modifie l'organisation sociale du travail, laquelle dépend de l'innovation technologique. Dans ce contexte de concurrence mondiale, l'adoption des technologies est donc « une loi coercitive »[287] à laquelle il serait suicidaire de se soustraire.

Les pays africains qui aspirent à être des pays émergents doivent savoir qu'émerger dans le sens de l'histoire de la société capitaliste, c'est accroître sa part de production sur le marché mondial. Ce qui revient à dire que pour émerger dans le contexte de l'économie bourgeoise qui domine le monde, il faut adopter la rationalité technologique pour doper ses productions en termes de productivité et aussi de qualité. Un protectionnisme sournois est en train d'accompagner le procès du libre-échange qui détermine la mondialisation du capital. Ce protectionnisme sournois se joue sur le terrain des normes de qualité. Il s'agit, en effet, de ne laisser entrer sur le marché mondial que des produits qui obéissent à un ensemble de normes techno-économiques. Ce qui veut dire que derrière les règles de normalité qui régissent le procès de circulation des marchandises sur le

[287] Karl MARX, *Travail salarié et capital*, op. cit.

marché mondial, se trouve l'exigence de la maîtrise de la rationalité technologique dans le procès de production, notamment dans celui du travail.

Autrement dit, l'on pourrait formuler cette exigence en ces termes : « nul ne peut vendre sur le marché mondial s'il ne maîtrise et n'intègre la technologie dans le processus de production de ses marchandises ». Il est donc clair que le marché mondial est devenu plus que jamais une affaire de technologie. Ces exigences technologiques qui le conditionnent de bout en bout marquent de façon explicite que le continent africain doit s'inscrire à l'école de la rationalité technologique, et ce, de manière urgente.

Si le marché des marchandises imprime à l'Afrique la nécessité d'adopter la technologie dans le procès de production et de circulation, le marché des capitaux l'exige également. Le marché des capitaux en effet est l'espace de captation des capitaux sous forme de crédit. Introduit dans le mécanisme social de production capitaliste moderne, il se pose comme « une aide » « de l'accumulation ».[288] Le procès naturel de l'accumulation du capital exige, en effet, une longue période de gestation et un enfantement douloureux. Avec le marché des capitaux, « le développement de la production capitaliste enfante » cette « puissance tout à fait nouvelle »[289] pour abréger la période de la gestation et adoucir les maux de l'enfantement en termes d'accumulation du capital.

Le marché des capitaux, pour ainsi dire avec Marx, « ne fait que suppléer à l'œuvre de l'accumulation en mettant les industriels à même d'étendre l'échelle de leurs opérations. (…)Le monde se passerait encore du système de voie ferrée, s'il eût dû attendre le moment où les capitaux individuels se fussent assez arrondis par l'accumulation pour être en état de se charger d'une telle

[288] Karl MARX, *Le Capital,* op, cit., p. 1138

[289] *Id,*

besogne. »[290] Analysé comme tel, il constitue un des piliers essentiels de l'économie moderne, bref, du développement au sens bourgeois du terme. Aucune économie dans le monde ne peut s'épanouir sans la médiation des marchés des capitaux qui suppléent au long processus de l'accumulation du capital.

Né dans la dynamique du système industriel du capital, le marché des capitaux exige, dans la distribution des capitaux disponibles, le progrès technologique. Autrement dit, là où la rationalité technologique se développe intensément, c'est là que la circulation des capitaux s'intensifie aussi. Il y a une corrélation entre technologie, économie et marché financier. La rationalité technologique modifie, à chaque phase de son évolution, les structures économiques et ouvre des perspectives nouvelles aux marchés financiers qui y accourent. C'est pourquoi les pays qui inscrivent leur économie dans les règles de fonctionnalité des technologies attirent plus aisément les capitaux présents sur le marché mondial que ceux dont l'économie s'enferme dans la rationalité artisanale et ethno-tribale.

On ne peut donc pas s'étonner de voir que la quasi-totalité des capitaux mondiaux reste confinée dans les frontières des pays industriels avancés et celles des pays dits émergents, c'est-à-dire la Chine, le Brésil et l'Inde. Corrélativement, parmi les pays industriels avancés, ceux dont l'économie restera en rupture de banc avec le principe de l'innovation constante caractérisant la techno-économie capitaliste, se verra déclasser par le système circulation et de distribution des capitaux ; car, comme le souligne Marx, « les capitaux supplémentaires (…), se prêtent de préférence comme véhicules pour les nouvelles

---

[290] Karl MARX, *Le Capital,* op. cit., pp. 1139-1140

inventions, découvertes, etc. ; en un mot, les perfectionnements industriels ».[291]

Pour qu'elle devienne aussi un pôle de circulation des capitaux mondiaux, l'Afrique doit soumettre son économie aux règles de fonctionnalité des technologies. Le développement des technologies, de ce point de vue, devient une nécessité vitale pour elle. Elle doit donc évacuer, du procès de production et de circulation des richesses, le règne de l'informel et du mode de production ethno-tribale. C'est à ce prix qu'elle se verra classer sur le marché des capitaux. Ce classement signifie pour elle, qu'elle va être un pôle privilégié de circulation des capitaux mondiaux, d'autant plus que, technologie, économie et marché des capitaux fonctionnent de concert.

Mais, l'inscription de l'économie africaine dans le tournant technologique n'ouvrira pas seulement le pays aux marchés des capitaux pour suppléer à son déficit, en termes d'accumulation du capital, mais aussi permettra à sa population active de relever le défi de la concurrence cosmopolite mise en place sur le marché du travail par la mondialisation.

En effet, les marchés de travail nationaux sont en pleine recomposition, sous la pression de la mondialisation. Ils cèdent ainsi progressivement le pas au marché mondial du travail. Le rôle de celui-ci consiste à promouvoir une concurrence cosmopolite du travail. Il s'agit de favoriser un recrutement transnational, transcontinental qui mette, ainsi en compétition les travailleurs issus des différentes nationalités et des différentes régions du monde. La concurrence cosmopolite du travail mise, certes, sur le plus bas salaire possible comme l'a démontré Marx, mais aussi sur la compétence technologique. Celle-ci est aujourd'hui, dans le contexte de la mondialisation, un des critères qui accompagnent

---

[291] Karl MARX, *Le Capital,* op. cit., p. 1140

celui des bas salaires dans le recrutement du travail mondial.

De ce fait, les normes actuelles, régissant les mécanismes de recrutement des travailleurs dans le monde, reposent, de plus en plus, sur la maîtrise et l'efficacité technologique. Se mettre en marge du technocosme, c'est s'exclure du réseau mondial du travail, c'est refuser de travailler, d'autant plus que l'organisation moderne du travail s'enracine, de façon irréversible, dans la rationalité technologique. Pour le dire autrement, la technologie a transformé et redéfini tous les éléments de l'organisation du travail. Le nouveau mot d'ordre qui conditionne le travail semble bien être celui-ci : gérer le travail comme une technologie.

En fait, avec la transformation irréversible de l'organisation du travail, la séparation du travail d'avec la technologie a tendance à disparaître. Toute organisation du travail tend à intégrer, mieux à absorber la rationalité technologique dans ses objectifs d'efficacité, de performance. La discipline et l'efficacité technologique se sont donc emparées du monde du travail. Bien que les pays africains ne soient pas en train de suivre de telles stratégies, les processus d'intégration totale de la rationalité technologique dans la sphère de l'organisation du travail mondial ne leur en imposent pas moins des changements inévitables. Ils doivent donc réfléchir aux mutations technologiques en termes de nouvelles formes de savoir, de savoir-faire et de discipline qui accompagnent et déterminent la techno-économie mondiale en vue de reformer leur rapport au travail.

Réussir à relever un tel défi, c'est parvenir à mettre à la disposition des populations actives les moyens d'exister sur le marché du travail où la concurrence cosmopolite fait davantage rage. L'Afrique, de ce point de vue, a une lourde responsabilité vis-à-vis de sa population active, notamment sa jeunesse. Il s'agit de lui offrir les compétences technologiques nécessaires devant lui permettre de se faire valoir sur le marché impitoyable du travail qui se dénationalise progressivement. C'est pourquoi elle est tenue de s'enraciner de plus en plus dans la production capitaliste et dans la rationalité technologique qui la sous-tend. Plus qu'un défi à relever, c'est un devoir historique qu'elle doit assumer et accomplir pour éviter l'isolement de sa population sur le marché du travail, lequel isolement aboutira à une réduction à l'impuissance et à la pauvreté absolue ainsi qu'à un type de domination plus brutal que l'esclavage et la colonisation.

La nécessité pour l'Afrique de s'inscrire dans la dynamique de la techno-économie bourgeoise avec en toile de fond le développement technologique, va au-delà des enjeux immédiats susmentionnés. Cette nécessité en fait, s'inscrit aussi dans une démarche prospective. Marx ne considère pas le mode de production bourgeois anhistorique. C'est d'ailleurs un des points essentiels de sa critique de ce système de production. Il considère ce mode de production transitoire. Autrement dit, comme on l'a noté dans la première partie de ce livre, le mode de production capitaliste est destiné à subir la loi du processus de développement des modes de production dans l'histoire, c'est-à-dire dire, céder la place à un autre supérieur.

Cependant, dans le mouvement dialectique de l'histoire des modes de production, la société capitaliste et son système industriel apparaissent comme une marque de progrès significatif par rapport aux autres modes de production antérieurs : les modes de production antique et féodal. La société capitaliste est également destinée à former le legs sur lequel s'édifiera la société qui lui succédera. En effet, de même que « les moyens de production et d'échange qui servirent de base à la formation de la bourgeoisie furent créés dans la société féodale »,[292] de même les moyens de production et d'échange qui serviront à bâtir la société post-capitaliste viendront de la société capitaliste elle-même. Celle-ci transmettra, pour ainsi dire, à la société post-capitaliste, la rationalité technologique qui sous-tend et coordonne actuellement son processus de production et d'échange. Il ne s'agit donc pas d'envisager une société post-capitaliste sans technologie.

La société post-capitaliste, telle que Marx l'envisage ne cherche pas « à faire tourner en arrière la roue de l'histoire »[293], elle s'inscrit parfaitement dans la dynamique de l'évolution historique des forces productives. Elle est ainsi appelée à faire sienne la rationalité technologique. C'est pourquoi, Marx envisageait d' « introduire l'enseignement de la technologie pratique et théorique, dans les écoles du peuple »[294]dans le processus de formation de cette société post-capitaliste.

La société capitaliste a certes échoué en ce qui concerne la réalisation de la dignité et du bien-être de l'homme, mais elle a réussi à mettre à la disposition de l'humanité une rationalité productive qu'aucun siècle antérieur n'avait pu réaliser. Pour Marx, cette rationalité technologique doit être préservée. Elle doit être mise au service de la société post-capitaliste. D'où, à l'image des bourgeois qui ont créé pour leurs fils des « écoles polytechniques »,[295]l'Afrique doit développer la rationalité technologique afin de préparer l'ère post-capitaliste.

---

[292]Karl MARX et Friedrich ENGELS, *Manifeste du Parti Communiste*, op. cit., p. 166

[293] Karl MARX, *Le Capital,* op. cit., p. 1240

[294] Karl MARX, *Le Capital,* op. cit., p. 992

[295]*Id.*

La société post-capitaliste n'est pas un retour à la rationalité ethno-tribale, mais elle est la réalisation d'un rapport nouveau avec la technologie. Marx fait bien la distinction entre la technologie et son emploi capitaliste. Si son emploi capitaliste s'est bien révélé comme un scandale socio-économique et humain, la technologie elle-même reste un progrès historique énorme. Elle ne peut alors être dissoute dans le procès de désintégration de la société capitaliste. Le retrait du capitalisme de la scène de l'histoire qu'exige le développement de l'histoire des modes de production, n'est pas synonyme de retrait de la rationalité technologique.

C'est pourquoi les forces de subversion que la société bourgeoise dans son développement a sécrétées, « ayant appris à distinguer entre la machine et son emploi capitaliste, dirigent leurs attaques non contre les moyens matériels de production, mais contre son mode social d'exploitation. »[296]Cette distinction marque bien que la société post-capitaliste s'édifiera sur l'architecture technologique du capital et non contre elle.

Envisager l'après-capitalisme sans la rationalité technologique, c'est se tromper sur le processus de l'évolution des modes de production dans l'histoire. La rationalité technologique sera au cœur des stratégies de développement intégral de l'homme dans la société post-capitaliste. Chaque société nationale devra alors se préparer à entrer dans cette ère nouvelle en développant la technologie dont la société bourgeoise est « le véhicule passif et inconscient/ »

En clair, l'Afrique est appelée à s'inscrire dans la dynamique de la techno-économie moderne. Pour ce faire, elle a besoin d'un cadre éducatif nouveau devant l'accompagner dans sa marche vers le développement de cette techno-économie. C'est ce cadre éducatif que se

---

[296]*Ibid.*

propose de théoriser cette seconde partie de ce chapitre, et ce, en partant des réflexions critiques marxiennes sur le capital.

5.B- Marx et le cadre éducatif du développement de la société capitaliste en Afrique

Pour embrasser une véritable voie de développement techno-économique, dans le sens de l'économie capitaliste moderne, l'Afrique a besoin d'une métamorphose structurelle. Cette métamorphose, qui doit s'effectuer à la racine de la société africaine, devra donner une base intellectuelle et morale nouvelle au continent. Relever un tel défi c'est, en réalité, reconsidérer le paradigme éducatif qui a prévalu jusqu'ici dans les pays africains.

L'éducation est la clé de voûte de toute société. Elle est non seulement le cadre de transmission et de reproduction des valeurs sociales, mais aussi la puissance de modification et de transformation des hommes et de la société tout entière. Dans cette perspective, elle est le laboratoire où se forment les germes du changement social. Le succès ou l'échec d'une société en termes de progrès, de développement, c'est-à-dire le passage d'un stade inférieur de la vie sociale à un autre supérieur, dépend en grande partie des orientations données au système éducatif. C'est cette lecture de l'éducation qui justifie la création des « écoles polytechniques, agronomiques, etc. » dans la société bourgeoise. C'est justement parce que la bourgeoisie connaît la haute valeur de l'éducation qu'elle « n'a donné aux prolétaires que l'ombre de l'enseignement professionnel » tandis qu'elle créait « pour ses fils les écoles polytechniques, agronomiques, etc. »[297]

Cette observation de Marx cadre bien avec le paradigme éducatif africain d'avant les indépendances. En effet, l'école coloniale était bel et bien « l'ombre » de l'école métropolitaine. Elle visait à produire des auxiliaires de l'administration coloniale et des animateurs des services socio-éducatifs, notamment des moniteurs, des instituteurs, des aides-soignants et des médecins auxiliaires. La rationalité de cette école est avant tout une rationalité limitative. Elle installe et confie les indigènes africains dans des frontières, des murs intellectuels qui limitent l'excitation de leurs facultés cognitives. L'explosion intellectuelle leur est refusée. Elle leur fait subir une sorte d'ablation, d'excision intellectuelle.

Cependant, malgré cette rationalité limitative qui la caractérise, l'école coloniale fut un pas décisif dans la conquête de la rationalité technologique par les Africains, car la lecture, l'écriture et le calcul qu'elle leur a offerts sont des instruments propédeutiques au savoir et au savoir-faire technologiques.

Le modèle éducatif post-colonial quant à lui, bien qu'il soit de loin très supérieur à l'école coloniale, traîne aussi une forme de rationalité limitative. Ainsi se caractérise-t-il essentiellement par la formation trop abstraite. De ce fait, ce paradigme éducatif ne sollicite, chez l'apprenant, que le cerveau. D'où il forme des individus abstraits, dépouillés de leur force créatrice et limités dans le cadre du développement. Le fonctionnariat reste pour ce faire leur destination privilégiée et programmée. C'est donc un modèle éducatif découplé de la rationalité de la société capitaliste moderne où « si l'on veut manger, il faut

[297] Karl MARX, *Le Capital,* op. cit., p. 992

travailler, et non seulement avec son cerveau, mais aussi avec ses mains ».[298]

Il faut donc procéder à sa déconstruction. C'est le gage fondamental du développement techno-économique de l'Afrique. La déconstruction du paradigme éducatif actuel ne doit pas être purement textuelle, mais doit rechercher continuellement à créer un cadre d'apprentissage, de formation qui permet « le plus grand développement possible des diverses aptitudes »[299] de l'homme. La révolution permanente qui sous-tend le développement de la techno-économie capitaliste « nécessite le changement dans le travail, la fluidité des fonctions, la mobilité universelle du travailleur. »[300] Et l'école doit être orientée de sorte à favoriser le développement de ce type de sujet.

Cette « éducation de l'avenir »,[301] comme l'appelle Marx, ne doit donc pas seulement écrire le savoir dans le cerveau, mais aussi dans les mains. D'où elle « unira pour tous les enfants au-dessus d'un certain âge, le travail productif avec l'instruction et la gymnastique, et cela non seulement comme méthode pour accroître la production sociale, mais comme la seule et unique méthode pour produire des hommes complets. »[302]

C'est, en effet, sous l'influence des lectures de Robert Owen que Marx épouse la conception de « l'homme complet » ou « intégral » qui est l'antipode de « l'homme abstrait » dépouillé de sa force créatrice et productrice. L'homme complet est en fait, l'homme doué de plusieurs fonctions productives. C'est « l'individu pleinement développé qui sache tenir tête aux exigences les plus

---

[298] Karl MARX, *Résolution du premier congrès de l'AIT*, op. cit., p.1467

[299] Karl MARX, *Le Capital*, op. cit., p. 992

[300] *Id.*

[301] *Ibid*, p. 987

[302] *Ibid,*

diversifiées du travail et ne donne, dans des fonctions alternées, qu'un libre essor à la diversité de ses capacités naturelles ou acquises. »[303]

Marx adhère entièrement à la démarche pédagogique d'Owen qui consiste à faire marcher ensemble « le travail productif avec l'instruction et la gymnastique. » Cette pédagogie part du principe que dans une société rationnelle n'importe quel enfant doit être préparé à être un travailleur productif. S'il est en possession de toutes ses facultés, il ne peut s'exempter de la loi générale de la nature : « si l'on veut manger, il faut travailler, et non seulement avec son cerveau, mais aussi avec ses mains. »[304]

En clair, l'éducation découlant de ce principe est à la fois mentale, corporelle et technologique. Autrement dit, l'éducation, telle que Marx l'entend, consiste en trois axes : « 1- Éducation mentale ; 2- Éducation corporelle, telle qu'elle est produite par les exercices gymnastiques et militaires ; 3- Éducation technologique, embrassant les principes généraux et scientifiques de tout mode de production, et en même temps, initiant les enfants et les adolescents au maniement des instruments élémentaires de toute industrie. »[305]

Cette éducation, qui réalise à la fois, la formation et le développement mental, physique et technologique, est totalement l'opposé du paradigme éducatif africain actuel. Celui-ci se caractérise par des années scolaires monotones, découplées de la rationalité de la techno-économie moderne qui appelle sans cesse à l'union du travail productif avec l'instruction et en toile de fond, à la maîtrise de la rationalité et de la pratique technologiques.

---

[303] Karl MARX, *Résolution du premier congrès de l'AIT,* op. cit., p. 1467

[304] Karl MARX, *Résolution du premier congrès de l'AIT,* op. cit.

[305] *Id.,* p. 1468

Il est donc clair que ce paradigme éducatif doit être abandonné.

Si pendant les deux premières décennies de la période post-coloniale, il a su produire des compétences intellectuelles de haut niveau, marquant ainsi son efficacité historique, il est aujourd'hui inadapté au défi nouveau que la mondialisation de la techno-économie capitaliste impose à l'Afrique. Il est également inapproprié en ce qui concerne la période post-capitaliste; car, comme nous l'avons indiqué ci-dessus, cette période ne mettra point en retrait ni la rationalité, ni la pratique technologique, bien au contraire, celles-ci seront au cœur des stratégies de gestion et d'organisation des sociétés post-capitalistes.

La société africaine elle-même dans l'évolution dialectique de son histoire révèle, depuis les années quatre-vingts, que le modèle éducatif sur lequel elle repose est essoufflé. Il ne joue plus en faveur de ses aspirations, de ses ambitions et surtout de ses exigences économiques, sociales et humaines. Il ne fait plus que les entraver, les empêcher d'autant plus qu'il ne correspond plus au stade du développement auquel l'Afrique est appelée à passer. Les crises à répétition et gravissimes qui secouent depuis le début des années quatre-vingt-dix les institutions scolaires et universitaires sont les symptômes de cette obsolescence qui frappe le paradigme éducatif africain. Elles marquent ainsi la nécessité d'opérer sa mue.

Mais, comment cette rupture qui s'impose clairement à lui doit-elle se faire ? Autrement dit, comment passer de ce modèle éducatif actuel à un autre qui inscrive l'Afrique dans la marche contemporaine et future de la techno-économie mondiale et qui permette au continent d'être en phase avec l'histoire universelle ?

Les réponses que commande, à notre sens, cette problématique commencent par ce point. Il s'agit de la création d'une cellule de réflexion, de veille pédagogique et techno-économique de haut niveau au sein de l'Union Africaine. Cette cellule qui devra peser de tout son poids sur les politiques éducatives et en conséquence sur l'organisation économique et sociale du continent, doit être composée de grandes sommités du monde universitaire et des grandes écoles des pays africains, ainsi que celles issues de la diaspora. Sa composition, pour échapper à la manipulation contreproductive des politiques, devra être confiée à des cabinets d'experts de haut niveau qui devront recevoir les candidatures des postulants pour ensuite désigner ceux qui ont le profil requis pour présider à la destinée éducative du continent.

Les personnes qui seront désignées devront dans un premier temps, faire des propositions concrètes sur la manière de faire marcher ensemble « le travail productif, l'instruction ». Cette articulation entre le travail productif et l'instruction que Marx a dénommée « l'éducation de l'avenir » a tout son sens.

Articuler le travail productif et l'instruction, présente un double avantage. Le premier est que « dans un système mi-travail et mi-école, chacune des deux occupations repose et délasse de l'autre et l'enfant se trouve mieux que s'il était cloué constamment à l'une d'entre elles »[306] ; le second est que les apprenants, surtout les adolescents embrassent les principes généraux et scientifiques du royaume de la production et dans le même temps sont initiés au maniement des moyens de production moderne de toute industrie.

À cette allure, ils formeront un vivier puissant pour le développement de la techno-économie capitaliste en Afrique. Avec le passage de l'économie industrielle de la deuxième révolution techno-économique à l'économie informationnelle, le contact précoce des adolescents avec

[306] Karl MARX, *Le Capital,* op. cit., p. 986

le monde de la production et de la circulation capitaliste est très important. L'information et la communication en sont venues à jouer de nos jours un rôle prépondérant, fondamental dans les procès de production. Michael HARDT et Antonio NEGRI soulignent éloquemment ce fait : « L'utilisation de plus en plus extensive des ordinateurs a progressivement tendu à redéfinir les pratiques et les rapports du travail ainsi que tout naturellement, toutes les pratiques et relations sociales. La familiarité et la facilité avec les outils informatiques sont devenues des qualifications primaires pour tout emploi dans les pays dominants. »[307]

La nouvelle école africaine devra donc introduire précocement les adolescents dans le processus de production pour assurer leur familiarité avec les exigences du monde de la production moderne avec en toile de fond la familiarité avec la rationalité et la pratique technologiques. Cette familiarité servira à faire éclore en eux leur propre énergie créatrice. Et sous ce rapport, elle les élèvera au niveau des compétences internationales. Ils pourraient même s'élever « bien au-dessus du niveau des classes bourgeoises et aristocratiques » occidentales, comme le sont les jeunes indiens en matière de l'industrie informatique.

La gymnastique constitue le troisième axe de la nouvelle éducation. La gymnastique dont il est question ici doit être en rupture avec la traditionnelle discipline scolaire dénommée « épreuves physiques ». Par le concept de gymnastique, Marx entend désigner « les exercices corporels ».[308] Ceux-ci s'inscrivent dans le vaste réseau de spécialités et de techniques sportives qui leur confèrent leur rationalité. Autrement dit, la gymnastique s'entend

---

[307] Michael HARDT et Antonio NEGRI, *Empire*, op. cit., p. 335

[308] Karl MARX, *Résolution du premier congrès de l'AIT,* op. cit., p. 1468

comme l'ensemble des activités sportives déterminant et organisant les diverses formes d'exercices corporels. Sous ce rapport, Marx accorde dans le dispositif éducatif, une place fondamentale aux activités sportives. Elles ne sont pas chez lui des activités annexes ou récréatives, mais formatrices de l'homme. Elles participent du processus d'anthropologisation des enfants. D'où elles font partie des instruments éducatifs qui assureront l'élévation de la classe ouvrière.

À ce propos, nous lisons dans les résolutions du premier congrès de l'AIT ceci : « cette combinaison du travail productif payé avec l'éducation mentale, les exercices corporels et l'apprentissage polytechnique, élèvera la classe ouvrière bien au-dessus du niveau des classes bourgeoises et aristocratiques ».[309]

Adapté à la réalité africaine, le sport doit être inscrit dans le dispositif éducatif dans une perspective professionnelle. Il ne doit pas pour ainsi dire se présenter simplement aux enfants comme un jeu, comme de simples exercices corporels, mais comme une carrière professionnelle parmi tant d'autres, qui se dessine devant eux. Autrement dit, l'éducation corporelle ne doit pas être perçue comme une « science de l'oisiveté ».[310] Elle doit participer à la dynamique du travail productif, d'où son organisation doit intégrer la rigueur et la rationalité technologique. Les cadres de son exercice doivent obéir aux règles de normalité universelle. Ce qui veut dire que la rationalité et les moyens technologiques doivent accompagner et encadrer l'enseignement de l'éducation corporelle. Ce n'est pas en vain que dans le dispositif de l'éducation marxienne, l'éducation mentale, l'éducation corporelle et l'éducation technologique forment une unité éducative indissoluble.

---

[309] *Id,*

[310] John BELLERS, cités par Marx in *Le Capital,* op. cit., p. 992

Outre ce qui vient d'être souligné, la cellule de réflexion de veille pédagogique et technologique doit s'inscrire dans la dynamique de la prévisibilité et des alternatives. La prévisibilité est une des formes caractéristiques de la rationalité techno-économique capitaliste. Elle permet au corps social de ne pas perdre de vue l'évolution du monde et de se régler sur elle. Elle ouvre la voie aux alternatives en cas de crise ou d'essoufflement des paradigmes en vigueur. La cellule de réflexion de veille pédagogique et technologique est donc appelée, pour ainsi dire, à gérer le visible et le prévisible. De ce fait, l'Afrique doit surveiller son système éducatif et l'inscrire dans ce procès de maturation continue. C'est à ce prix qu'elle produira un vivier capable de prendre en main sa destinée techno-économique.

Il faut cependant noter que si nous militons en faveur d'une adoption parfaite de la techno-économie en Afrique, force est de reconnaître que cette adoption doit être soumise à un cadre éthique qui préserve l'équilibre écologique et l'homme. Il s'agit donc de promouvoir une nouvelle forme de techno-économie qui garantisse à la fois l'efficacité économique et sociale et la préservation des liens organiques nécessaires entre la nature et l'homme. C'est ce que nous appelons l'éco-économie. Celle-ci est l'économie de l'avenir, c'est pourquoi, elle est une opportunité pour les pays africains.

Chapitre 6
L'éco-économie : une opportunité historique pour le développement en Afrique

S'il est, du point de vue historique, évident que les pays africains doivent s'inscrire dans la dynamique de la techno-économie capitaliste, il est cependant nécessaire que les Africains impriment une nouvelle trajectoire à cette techno-économie. Il s'agit, en effet, de relever le défi d'une techno-économie qui allie efficacité socio-économique et préservation de l'équilibre écologique sans lequel l'humanité est vouée à la disparition. C'est cette forme nouvelle d'exploitation de la techno-économie capitaliste que nous appelons l'éco-économie. Elle doit être au cœur des stratégies de développement en Afrique.

De ce point de vue la définition d'un cadre éthique de développement se révèle nécessaire pour surveiller, encadrer et orienter les politiques de développement économique et social des pays africains. Et c'est la définition de ce cadre éthique de développement que ce chapitre se propose de déterminer. Mais avant de définir le cadre devant présider à la mise en œuvre de l'éco-économie, il met en évidence la chance que constitue ce type d'exploitation économique pour l'Afrique.

6.A- De l'importance de l'éco-économie dans le processus du développement en Afrique

L'Afrique doit certes édifier son développement sur les acquis de la techno-économie capitaliste dont elle doit maîtriser la rationalité. Toutefois, elle ne saurait, de façon mécanique, reproduire la forme d'appropriation et de transformation de la nature extérieure qui a prévalu dans la techno-économie des XIXe et XXe siècles. Cette forme d'appropriation et de transformation de la nature extérieure reposant sur le principe cartésien de maîtrise et de domination de la nature, s'est caractérisée par une prédation particulière de la force de travail et des ressources naturelles. Ces propos de Marx en témoignent bien: « « La production capitaliste ne développe la technique et la combinaison du processus de production sociale qu'en épuisant en même temps les deux sources d'où jaillit toute richesse : la terre et le travailleur. »[311]

Si l'exploitation du travailleur est décriée chez Marx, la prédation de la nature extérieure l'est tout autant chez lui, même si l'on semble ignorer cette lecture dans ses œuvres d'économie politique. Il démontre, en effet, que la prédation de la nature extérieure compromet les bases matérielles de l'existence et de toute histoire humaine. En ce sens que, quelque soit le mode de production dans l'histoire, il doit avoir pour fondement matériel la nature extérieure qui est la condition première de toute production matérielle des hommes et de leur histoire. Il lie ainsi le destin de l'histoire humaine au monde naturel. D'où il est nécessaire pour l'humanité d'entretenir une relation symbiotique avec la nature.

Mais, vivre en étroite symbiose avec la nature extérieure et se développer en réponse à ses besoins de renouvellement exige l'abandon du principe cartésien de domination humaine sur la nature. En effet, René Descartes, le parrain de la rationalité instrumentale, dans son souci de rompre avec l'enseignement de la scolastique, a posé les nouveaux critères pour une nouvelle philosophie. Il assigne dès lors à la philosophie la mission de faire de l'homme maître et possesseur de la

[311] Karl MARX, *Le Capital*, *op.cit.*

nature. Pour le dire autrement, Descartes détermine la finalité de la science comme maîtrise de la nature en vue de l'amélioration des conditions d'existence et de mieux-être général de l'espèce humaine. Il ouvre ainsi l'ère de l'arraisonnement brutal de la nature par l'homme que l'école de Francfort a bien fait d'appeler la rationalité instrumentale. Celle-ci devient, avec l'apparition du mode de production capitaliste la modalité fondamentale de toutes les relations humaines avec le monde extérieur.

Organisé autour de l'idolâtrie de la croissance, le mode de production capitaliste fait de la rationalité instrumentale le moteur de son développement. On assiste, de ce fait, à un arraisonnement systématique de la nature extérieure. Les XIXe et XXe siècles seront plus particulièrement marqués par cette dynamique d'arraisonnement de la nature pour assouvir l'appétit vorace de la croissance, cette idole du capitalisme. Mais, après deux siècles de domination sur les rapports de l'homme à la nature, la rationalité instrumentale a commencé à s'effilocher. La menace qu'elle fait planer sur la biosphère, donc sur le fondement même de la vie sur terre à travers la destruction des écosystèmes, a fait émerger une conscience écologique dans le monde. Celle-ci en appelle à la construction de nouveaux rapports de l'homme à la nature extérieure.

Repenser le sens des rapports de l'homme au monde naturel implique dès lors la réévaluation de la rationalité devant présider à la connaissance du monde. Ainsi, l'humanité est sommée de passer de la rationalité instrumentale à la rationalité de précaution, de prévoyance, qui met au centre de l'équation économique de l'homme, les préoccupations d'ordre écologique. Un grand basculement dans la perception de soi et de la nature est donc apparu dans notre civilisation technicienne. Avec l'émergence de la conscience écologique, l'homme ne se perçoit plus comme un être en conflit avec la nature, mais plutôt, comme membre d'un univers naturel participatif.

Pour le dire en de termes plus clairs, l'homme de la conscience écologique ne se présente plus comme un être détaché de la nature extérieure envisagée comme un objet à connaître et à dominer, il se perçoit davantage comme un être dans la nature ayant des liens de participation avec l'ensemble des composantes de celle-ci. Dans la reconnaissance des liens de participation avec l'ensemble des composantes de l'univers naturel, l'homme de la conscience écologique ne cherche pas à connaître la nature pour la dominer, mais pour nouer des contacts continus et durables avec elle, parce que sa vie et son histoire en dépendent.

Ces contacts continus et durables ne doivent pas s'entendre comme les rapports des pygmées de la forêt équatoriale avec la nature. Ces contacts doivent plutôt être appréhendés comme un ensemble d'attitudes et d'actes responsables qui, sur la base des connaissances des lois de la nature, favorisent le renouvellement et la pérennisation des écosystèmes, en même temps que l'on se sert des ressources naturelles pour satisfaire ses besoins. Il s'agit à la fois de réussir à vivre de la nature et de la faire vivre elle-même.

L'unité de l'homme avec la nature extérieure, mise en relief par la conscience écologique, sert aujourd'hui de socle philosophique pour un basculement de l'économie capitaliste de prédation vers l'émergence d'une économie capitaliste écologique. Les entreprises sont de plus en plus sommées de faire des études d'impact social et environnemental avant l'exécution de tous projets ; elles sont également auditées après l'exécution desdits projets. Le respect de l'environnement naturel est devenu, de nos jours, une norme de qualité dominant le procès de production économique et de consommation. Ainsi, il s'invite de plus en plus, sur les marchés, dans les décisions d'achat de beaucoup de consommateurs.

La conscience du poids de l'environnement naturel sur la qualité et sur la pérennité de la vie pénètre aussi les systèmes éducatifs dans le monde. Des modules de formation, des branches de savoir qui étaient inexistantes, émergent. On a entre autres, les sciences environnementales, la sociologie de l'environnement, l'économie de l'environnement, le droit de l'environnement, la philosophie de l'environnement. Bref, une nouvelle orientation philosophique a commencé à dominer les systèmes de formation et la recherche scientifique. Elle est aux antipodes de l'ancienne orientation philosophique de la science issue du principe cartésien de domination humaine sur la nature. C'est ce que semble bien souligner Rifkin quand il écrit :

« L'ancienne science voit la nature comme un ensemble d'objets ; la nouvelle science voit la nature comme un ensemble de relations. L'ancienne science se caractérise par la neutralité, l'expropriation, la dissection et la réduction ; la nouvelle science, par l'engagement, la reconstitution, l'intégration et l'holisme. »[312] Pour tout dire, il y a une opposition radicale qui s'opère aujourd'hui entre l'ancienne et la nouvelle perception de la science, dans ses rapports avec la nature : « (…). L'ancienne science recherche le pouvoir sur la nature ; la nouvelle science, un partenariat avec la nature. (…) La nouvelle science nous fait passer d'une vision colonialiste de la nature, une ennemie qu'il faut piller et asservir, à une vision nouvelle où la nature est une communauté dont il faut s'occuper. »[313]

S'il est clair que la conscience de l'importance de l'environnement naturel sur le devenir de l'espèce

---

[312] Jeremy RIFKIN, op. cit., p. 563.

[313] *Id.*

humaine est en nette progression dans le monde scientifique, il faut cependant souligner que la préservation de l'environnement reste encore un rêve en cours de réalisation. Le consensus, par exemple, peine à se faire pour ce qui est de la réduction des émissions de gaz à effet de serre : il y a d'un côté les pays riches qui soutiennent la mise en place d'une politique mondiale de réduction des émissions de gaz à effet de serre et de l'autre, les pays émergents et ceux engagés dans le processus de développement qui font valoir leur droit au développement. Comme le dit Rifkin : « Telle est la situation qui dresse aujourd'hui une moitié de l'humanité contre l'autre. »[314]

Dans ce débat houleux sur le lien entre préservation de la nature et droit au développement, quelle doit être la position de l'Afrique qui est en quête du développement? Doit-elle au nom du droit au développement chercher à reproduire la trajectoire de la techno-économie fondée sur le principe de la rationalité instrumentale et le culte de la croissance sans phrases ? Ou faut-il qu'elle accepte de s'inscrire dans le nouveau virage de la techno-économie qui veut faire de la protection de l'environnement et de la préservation des écosystèmes un allié nécessaire au développement ?

Évidemment, dans les sociétés de survie comme les nôtres où la préférence va très vite à la satisfaction des exigences de la croissance économique, la tentation de s'opposer aux théories de développement qui en appelle à la réduction de la pression sur l'environnement naturel, est très grande. À cela s'ajoutent les promesses électorales dont la tenue pousse les gouvernants à rechercher la croissance dans tous les sens et à tout prix y compris au prix de la destruction des écosystèmes.

---

[314] *Ibid.*

Mais, il faut bien que l'Afrique accepte de s'inscrire dans une forme de développement qui articule son besoin de développement socio-économique et les exigences écologiques et environnementales. Elle ne doit pas analyser ces exigences comme un frein à son développement. Bien au contraire, elle y gagne, parce que c'est la voie du développement de l'avenir.

Promouvoir alors une nouvelle trajectoire de la techno-économie, qui dans son mode d'attaque et de transformation de la nature extérieure préserve l'équilibre écologique et les échanges organiques nécessaires entre l'homme et son environnement naturel, c'est prendre attache avec l'avenir, avec le monde de demain. De ce fait, l'éco-économie est une opportunité historique pour le monde et en particulier pour l'Afrique qui malheureusement est en train de mettre en péril son équilibre écologique par la course irrationnelle à la croissance. Celle-ci, en effet, se négocie au prix d'une pression sans précédent sur les terres arables et par l'exploitation tous azimuts des ressources minières et énergétiques.

Il est donc urgent que les pays africains épousent le principe d'éco-économie et de le traduire dans le procès de production économique et de consommation de la nature extérieure. L'éco-économie dont il est question ici n'a rien avoir avec cette idolâtrie de la nature qui caractérise certaines sociétés ethno-tribales africaines. Il ne s'agit pas, alors, d'inscrire le procès de production et de consommation dans un fétichisme de la nature, car celle-ci ne saurait être traitée comme une puissance. Il s'agit, en fait, d'inscrire la production économique et la consommation subséquente dans un cadre de gestion responsable de la nature extérieure, en sa qualité de « mère de toute richesse »[315] et de fondement de toute civilisation

---

[315]Marx (K), *Le Capital*, op.cit.

dans l'histoire. L'éco-économie, en effet, considère que « la nature, comme le dit Marx, est le corps non organique de l'homme (…) avec lequel il doit rester constamment en contact pour ne pas mourir. »[316]

L'éco-économie présente ainsi l'avantage d'allier efficacité socio-économique et préservation de l'équilibre écologique. Elle repose ainsi sur « une « éthique de synthèse » qui réconcilie écologie et économie, morale et efficacité, qualité et croissance, nature et profit. »[317] En un mot « (…) S'il est vrai que l'éthique écologique est ce qui fixe des limites à l'agir technicien et capitaliste, il ne faut pas entendre cette limitation comme un coup porté à la dynamique de la puissance, mais plutôt comme ce qui permet la poursuite indéfinie, prudente, non contradictoire de l'arraisonnement du monde et des affaires. »[318]

L'éco-économie, de ce fait, en tant qu'elle se présente comme « une éthique de synthèse » conciliant, comme dans la philosophie de Hegel, les contraires, ne répudie pas la croissance économique, mais l'intègre dans une dynamique de développement visant la qualité de vie et la pérennité de l'espèce humaine qui ne peut exister sans un contact symbiotique permanent et responsable avec la nature. Elle est ainsi l'économie de l'avenir, en ce sens qu'elle va opérer une révolution de la techno-économie capitaliste qui désormais doit être évaluée sur la triple relation : capital, société et écologie. D'où l'Afrique a intérêt à se faire le leader de l'éco-économie dans le monde.

Mais, comment cela sera-t-il possible ? Autrement dit, comment peut-on mettre en place l'éco-économie sur le continent ?

---

[316] Marx (K), *Manuscrits de 1844*, op. cit.

[317] Lipovetsky (G), *Le crépuscule du devoir, L'éthique indolore des nouveaux temps démocratiques*, Paris, Gallimard, 1992, p. 227.

[318] *Id.* p. 228.

6.B- Les processus de mise en place de l'éco-économie en Afrique

On pourrait décliner le processus d'implémentation de l'éco-économie en Afrique en deux axes essentiels, le premier est d'ordre éthique et le second d'ordre scientifique.

L'éco-économie, que nous avons définie comme une mutation profonde de la techno-économie capitaliste prenant en compte désormais une gestion responsable de la nature extérieure en tant que « corps non organique de l'homme », ne peut être mise en œuvre sans un cadre éthique adéquat. En clair, pour réussir à bâtir son développement, dans la perspective d'une techno-économie innovante qui se déploie autour de l'éco-économie, l'Afrique a besoin d'un cadre éthique sur lequel devra se reposer son action de développement.

L'apparition de l'économie politique en Occident dans la seconde moitié du XVIIIe s'est caractérisée par son refus de tous principes éthiques. « Dès lors, (…), il était normal qu'une séparation s'introduisît entre la recherche des conditions de fonctionnement de l'économie, d'une part, et, d'autre part, la réflexion sur les règles propres à guider la vie morale et politique des hommes. »[319] Il en résulte que « l'étude de l'économie devait s'éloigner de la philosophie. »[320]Pour les économistes, en effet, « l'obéissance aux lois de l'économie devrait suffire à garantir au peuple une vie harmonieuse ».[321]Les propos de Le Mercier de la Rivière en témoignent éloquemment:

« Ne soyez pas en peine maintenant de notre morale ni de nos mœurs…Il est socialement impossible que des hommes qui vivent sous des lois si simples, les lois de

---

[319] Henri DENIS, *op.cit.,* p. 716

[320]*Id,*

[321]*Ibid,*

l'économie (...) ne soient pas humainement parlant les hommes les plus vertueux. »[322]

Mais une telle approche du règne économique manque de réalisme. En effet, les appétits voraces, les intérêts particuliers et la course folle au profit qui caractérisent les hommes, notamment, dans la société capitaliste, empêchent le royaume de la production économique de sécréter de lui-même la vertu qui préserve l'ordre social, et l'équilibre écologique nécessaire à la reproduction matérielle de l'humanité. C'est pourquoi il est nécessaire qu'un cadre éthique soit mis en place pour éclairer et guider l'action dans le procès de production économique.

Pendant les XIXe et XXe siècles, les graves contradictions sociales engendrées par la techno-économie capitaliste ont provoqué des réactions éthiques au cœur desquelles se trouvait la question de la dignité humaine. Chez Marx notamment, l'on note cette forte réaction éthique, même si la thématique révolutionnaire a plus retenu l'attention des marxistes. Comme l'a écrit Henri Dénis, « on ne prêtait pas alors suffisamment d'attention au fait que les convictions révolutionnaires de Marx reposaient sur l'idée, (...), de l'élévation nécessaire des hommes à un degré supérieur de moralité... » [323]

Ces réactions éthiques ont débouché sur une mutation de la techno-économie. Il s'agit de l'économie sociale dont l'État-providence fut l'artisan et le garant.

Aujourd'hui, la réaction éthique en marche exige une autre mutation de la techno-économie. Cette mutation, loin de considérer caducs les enjeux sociaux de la techno-économie, cherche à inscrire la question de l'équilibre écologique au centre du procès de production et de consommation. Cette mutation qui donnera ce que nous

---

[322] De La Rivière LE MERCIER, cité par Henri DENIS, in *Histoire de la pensée économique,* op. cit., p. 716

[323] Henri DENIS*, op. cit.* p. 717

appelons l'éco-économie appelle un cadre éthique comme susmentionné. Ce cadre qui va diriger la mise en œuvre de l'éco-économie va porter à la fois sur les procès de production et de consommation.

En ce qui concerne le procès de production, il doit être soumis au concept d'exploitation conservatrice de la nature extérieure. Il s'agira de soumettre à haute surveillance et à discussion tous les moyens techniques et scientifiques de production pour évaluer leur impact sur l'écologie. En effet, « ce sont les moyens de travail qui déterminent la forme typique du procès de travail considéré : en fixant « le mode d'attaque » de la nature extérieure soumise à la transformation dans la production économique. »[324]

En tant qu'ils fixent le mode d'attaque de la nature extérieure dans le procès de production économique, les moyens techniques et scientifiques de travail doivent faire l'objet de surveillance de haut niveau et d'un examen discursif dans le cadre de l'éco-économie. Leur création et leur emploi doivent constamment être discutés dans un cadre pluridisciplinaire autour d'un objectif clair et précis. Il s'agit d'allier efficacité économique et équilibre écologique. La façon de travailler, la manière dont on peut disposer des choses, c'est-à-dire des moyens techniques et scientifiques de production, de la terre, des océans et de leurs ressources, doivent être fondés sur le principe d'exploitation conservatrice de la nature extérieure. Il s'agit, en quelque sorte, d'agir de telle manière qu'en usant de la nature pour la production économique, on puisse en même temps créer les conditions de sa régénération et de sa préservation.

Ce qui revient à dire que les moyens techniques et scientifiques de travail doivent, à la fois, aider à la production économique et garantir « l'échange

[324] Louis ALTHUSSER, *op.cit.,* p. 43

organique » indispensable entre les hommes et la nature extérieure. Ces moyens de travail, dans le procès de production, ne doivent plus être soumis à la vision unidimensionnelle de l'homo economicus qui ne recherche que le profit sans phrases, mais à une éthique de la production responsable et durable. Les discussions sur la création et l'emploi des moyens techniques et scientifiques de production pourraient être formulées autour de cette idée : créer et employer des moyens techniques et scientifiques de production qui, tout en aidant à créer les moyens de satisfaction des besoins humains, créent les conditions de régénération et de conservation de la nature extérieure.

Les discussions sur la création et l'emploi des moyens de production doivent être transparentes et ouvertes. Elles doivent mobiliser non seulement tous les ressorts de la recherche scientifique, notamment les spécialistes des sciences sociales et humaines, de l'écologie, de l'environnement, et des diverses branches du savoir portant sur les sciences et les techniques productives, mais aussi faire appel à la société civile.

Ces discussions doivent avoir une détermination négative et une autre positive. La détermination négative consistera à évaluer et à remettre en cause la création d'un certain type de moyens techniques et scientifiques de production y compris les formes énergétiques et leur emploi dans un procès de production déterminé. La détermination positive, quant à elle, appellera à la création et à l'emploi de moyens techniques et scientifiques de production alternatifs chaque fois que la nécessité s'impose.

De ce fait, l'émergence de l'éco-économie exige que l'on mette à contribution les universités et les différents centres de recherche en vue de relever les défis de réévaluation permanente, d'innovation et de changements continus des moyens techniques et scientifiques de production.

Il est ainsi clair que l'émergence de l'éco-économie comme nouvelle forme de rapports économiques de l'homme avec la nature, requiert un développement soutenu de la recherche scientifique et des innovations technologiques. Dans l'histoire, toutes les orientations nouvelles qu'a prises la production économique, auraient été impossibles sans des révolutions techno-scientifiques correspondantes pour les exploiter. De même, sans le soutien d'une révolution techno-scientifique permanente, l'éco-économie ne peut être implémentée en Afrique. Il faut en déduire que les pays africains, pour relever le défi de l'éco-économie, doivent investir massivement dans la recherche scientifique et l'innovation technologique.

La critique de la rationalité instrumentale, ouverte par l'école de Francfort, a créé une sorte de méfiance vis-à-vis de la techno-science. Celle-ci fut assimilée à la négation de la nature et de l'environnement.

Mais la contribution progressive ces dernières années de la recherche scientifique et de l'innovation technologique à l'élaboration de réponses efficaces contre la dégradation des écosystèmes (recherches très accrues pour la découverte et l'exploitation de sources énergétiques renouvelables et non polluantes, créations de moteurs hybrides et électriques pour les voitures, captation et transformation du Co2 en énergies douces, etc.) témoignent que le rapport conflictuel de la techno-science avec la nature, que l'école de Francfort dénonce, n'est pas une fatalité, mais relève d'une orientation philosophique et idéologique particulière. L'orientation philosophique, en question, on l'a vu, est la rationalité cartésienne ; et l'orientation idéologique est bien l'idéologie bourgeoise de la croissance sans phrases. Marcuse n'a donc pas tort quand il écrit : « Ce ne sont pas la technologie, la technique, la machine qui exercent la domination, mais seulement la présence dans les machines, de l'autorité des maîtres qui en détermine le nombre, la durée d'existence, le pouvoir et la signification dans la vie des hommes et qui en décident du besoin que l'on a d'elles. »[325]

Mais, aujourd'hui, avec l'émergence d'une nouvelle perspective philosophique à tendance écologique, inclinant la techno-science vers des relations plus douces et plus viables avec la biosphère, le temps d'une techno-économie respectueuse des écosystèmes a sonné. De ce fait, l'Afrique peut réussir à développer des technologies douces et économes qui réalisent l'idéale de l'éco-économie. La recherche scientifique et technologique à promouvoir devra nous appendre à connaître la nature pour vivre ensemble avec elle, tout en nous en servant qualitativement. Dans cette perspective, des thématiques très sensibles comme l'énergie renouvelable, l'agriculture durable, l'habitat écologique, les systèmes de transport doux et économes, doivent faire l'objet d'une attention particulière de la part des chercheurs pour voir comment reconstruire nos rapports à la biosphère dans la perspective d'une relation symbiotique et qualitative avec elle.

Sur ce point, qu'il me soit permis de m'appesantir sur la thématique liée à l'énergie. L'énergie, en effet, est à la société ce que l'esprit est au corps. Elle est le souffle qui anime le corps social et le détermine dans la mesure où la base matérielle de la société et tous les rapports qui en découlent dépendent des choix énergétiques. De ce fait, les sources énergétiques conditionnent les bases économiques des sociétés humaines ainsi que les rapports sociaux subséquents. C'est ainsi que les hydrocarbures (pétrole et gaz) sont devenues, non seulement les déterminants essentiels du fonctionnement de l'économie mondiale,

---

[325325] Hebert MARCUSE, *Vers la libération : au-delà de l'homme unidimensionnel,* rad, JB grasset, Paris, Minuit, 1969, p. 13.

mais aussi des rapports sociaux et même des relations internationales. Ainsi, une crise dans le pétrole ou le gaz met en branle l'économie mondiale et les rapports sociaux dans les États-nations et secoue les relations internationales.

Les choix énergétiques déterminent aussi les rapports de l'homme à la nature, à l'environnement. L'exploitation de chaque forme énergétique, en effet, détermine la qualité des relations de l'homme à la biosphère. C'est pourquoi, comme on peut bien le constater, l'exploitation des hydrocarbures, qui s'est universalisée du fait de leur élection comme énergie-reine du mode de production capitaliste des XIXe et XXe siècles, fragilise les écosystèmes et menace sérieusement la vie sur terre.

De ce fait, la recherche scientifique et les innovations technologiques, en Afrique, doivent prendre à bras le corps la question des orientations énergétiques. Ces temps-ci, on constate, sur le continent, une ruée vers une grande maîtrise des technologies liées au pétrole. En le faisant, les pays africains veulent reprendre la main sur l'exploitation du pétrole du continent et en tirer de fortes plus-values. C'est une démarche légitime. Cependant, nous souhaitons voir les chercheurs africains développer des technologies de haute pointe et douces, en matière d'extraction, de transport et de raffinement du pétrole, de manière à préserver les écosystèmes et la biosphère.

Mais, ce qui est encore plus important à souligner, c'est que, sur le continent, l'on doit savoir que l'humanité va vers une civilisation post-pétrole et qu'elle est inévitable en raison de l'épuisement programmé des énergies fossiles et des crises écologiques que leur exploitation fait éprouver à la terre. L'Afrique, de ce fait, doit orienter, et de façon audacieuse, la recherche scientifique et les innovations technologiques vers ce grand virage historique pour la conquête de nouvelles sources d'énergie qui soient de nature à favoriser son développement durable et qualitatif.

Déjà, la communauté scientifique a mis en lumière une liste non exhaustive d'énergies renouvelables et douces. Il s'agit, notamment, de la biomasse, de l'hydro-énergie, des énergies solaire, éolienne et thermique. L'Afrique doit exploiter ces acquis, en finançant la recherche pour la mise en place de moyens technologiques de pointe qui permettent l'exploitation à grande échelle et à moindre coût de ces énergies.

L'exploitation de l'énergie solaire, parmi ces énergies renouvelables, devra faire figure de leader dans la mesure où plus de 99% du territoire africain bénéficie d'un éclairage solaire soutenu. Ce qui revient à dire qu'avec la performance de la recherche scientifique et de l'innovation technologique en Afrique, on peut connecter la majorité des ménages africains à l'énergie solaire. Ce virage énergétique va induire une reconfiguration de notre architecture. Ainsi, la société civile et les architectes africains devront, de concert avec les experts de l'énergie solaire, imaginer de nouvelles formes d'habitats qui soient auto-productrices d'énergies. Ces constructions révolutionnaires, que Rifkin, ce fervent militant de l'émergence d'une nouvelle conscience pour un monde en crise, a baptisées d' « immeubles-centrales électriques », doivent être les constructions de l'avenir.

Comme on peut ben le noter, l'éco-économie est véritablement une économie de recherches continues de réponses plus soft, plus adaptées aux besoins économiques, sociaux et environnementaux de l'homme. C'est de cette manière qu'elle se fera le gage de la production d'une vie économique et sociale de qualité sans nuire à l'équilibre écologique.

De ce fait, les discussions éthiques ne peuvent réussir à concilier le procès de production et l'équilibre écologique nécessaire à la pérennité de l'espèce humaine qu'à condition d'être accompagnées par un développement très soutenu du royaume de la recherche techno-scientifique et de l'innovation technologique. Le développement de l'éco-économie ne va pas s'affirmer contre le progrès technique et la dynamique de l'industrialisation en Afrique, mais doit reposer sur le « développement du high-tech, de la techno-science, du contrôle soft de la nature »,[326] bref, sur les bio-industries, les éco-produits et les technologies douces et propres donnant lieu à l'éco-production et à l'éco-consommation.

S'il est démontré que l'éco-économie ne peut émerger en Afrique qu'à condition de soumettre le procès de production au règne de l'éthique et du développement de la recherche scientifique et des innovations technologiques, force est de reconnaître que son émergence exige aussi que le mode de consommation emprunte un nouveau virage éthique.

En effet, le mode de consommation en Afrique repose de plus en plus sur le paradigme de consommation de la société occidentale moderne caractérisée par la consommation de masse. Il ne s'agit plus de consommer pour satisfaire des besoins essentiels ou vitaux, mais de satisfaire des désirs et des fantasmes considérés à tort comme des besoins. Ainsi, sommes-nous passés d'un mode de consommation fondé sur la satisfaction des besoins vitaux, essentiels, à celui fondé sur la satisfaction des besoins non essentiels que Marcuse appelle faux besoins :

« Nous pouvons distinguer de vrais et de faux besoins. Sont faux, ceux que des intérêts sociaux particuliers imposent à l'individu : besoins qui justifient un travail pénible, l'agressivité, la misère, l'injustice ». [327]

---

[326] Gilles LIPOVETSKY, *op. cit.,*p. 227

[327] Hebert MARCUSE, *op cit.,* p. 31

Le passage du paradigme de consommation fondé sur les besoins essentiels à celui fondé sur les faux besoins reste tributaire d'une conception erronée du bonheur faisant appel à un usage « chrématistique » de la techno-économie. La chrématistique, telle que Aristote la définit, repose, en effet, sur l'accumulation infinie des biens. Elle pivote ainsi autour d'une consommation irrationnelle et irraisonnable de ces biens. Dans ce contexte, la qualité et la quantité des choses qui peuvent suffire à rendre la vie heureuse sont illimitées. La chrématistique se propose donc autre chose que la satisfaction des besoins vitaux, d'où sa tendance à la prédation des ressources naturelles et de la force de travail. Bref, elle rime avec l'hyper productivité et l'hyperconsommation.

La mise en œuvre donc de l'éco-économie, en Afrique, exige une rupture avec cette logique de consommation tous azimuts qui a prévalu dans les sociétés occidentales des deux siècles précédents et qui est en passe d'être remise en cause par l'expérience dans le monde. Cette rupture doit passer par une redéfinition du bonheur et de la notion même des besoins que la production économique doit satisfaire.

En ce qui concerne le bonheur, entendu comme état de bien-être complet, il ne doit plus avoir pour fondement l'avoir et l'accumulation illimitée de biens. En clair, il faut dématérialiser le fondement même du concept de bonheur. Il ne doit plus rimer avec le nombre des choses matérielles que l'on possède. Autrement dit, l'on ne doit plus mesurer le bonheur à l'aune des biens matériels accumulés.

Rappelons que l'idée selon laquelle le bonheur s'évalue à l'aune des biens matériels que l'on possède, remonte, en ce qui concerne les temps modernes, à l'époque du mercantilisme. Le mercantilisme, en effet, est une doctrine économique fondée sur le principe de la supériorité du commerce extérieur comme moyen pour l'État d'accumuler des richesses sous forme de métaux précieux. Pour les mercantilistes, la richesse, en l'occurrence les métaux précieux : l'or et l'argent, sont la base du bonheur. D'où leur accumulation doit être la mission clé des hommes avec l'aide de l'État. Le lien entre accumulation de richesses et bonheur est bien exprimé par Montchrestien, le père du concept d'économie politique et l'une des figures emblématiques du mercantilisme. Il écrit, en effet, ceci : « Le bonheur des hommes, pour en parler à notre mode, consiste principalement en la richesse, et la richesse dans le travail ».[328]

Cette définition du bonheur a été transmise au monde post-mercantiliste, avec cette fois-ci, un éclatement du concept même de richesse. Celle-ci ne consiste plus seulement en l'accumulation de métaux précieux, mais aussi, en l'accumulation de tout ce que le travail social peut produire. Alors le bonheur, pour la société moderne, est l'accumulation étendue et sans cesse renouvelée de tous les biens que le travail social peut produire. De ce fait, la consommation massive et irrationnelle des biens produits par les industries qui, du reste, incitent les hommes à consommer sans modération leurs marchandises, est devenue la loi coercitive du mode social de consommation. Celle-ci mobilise ainsi tous les ressorts de la convoitise qui pousse l'humanité à l'hyperconsommation et au gaspillage.

C'est donc contre cette idée du bonheur, cause de l'hyperconsommation et du gaspillage, que veut s'édifier l'éco-économie.

Elle veut montrer, ainsi, que le bonheur ne repose pas en réalité sur la masse sans cesse étendue des biens. Elle répudie toute notion de démesure. Bien plus, pour elle, le

---

[328] MONCHRESTIEN, *Traité de l'économie politique,* Paris, nouvelle éd., 1889, p. 99

bonheur appelle avant tout à la vie vertueuse qui « est une vie ordonnée et mesurée ».[329]

Certes, comme l'a souligné Aristote, « de toute évidence, le bonheur ne saurait se passer des biens extérieurs (…). En effet, il est impossible ou tout au moins difficile de bien faire si l'on est dépourvu de ressources. »[330]Cependant, il n'est pas une invitation à l'homme à s'inscrire dans une course effrénée à l'accumulation de ces biens extérieurs et dans une logique de consommation tous azimuts. Le bonheur, en fait, bien qu'il ne se passe pas de biens matériels, disparaît là où l'aspiration à la fortune et à l'accumulation des biens prévaut sur toute autre valeur. Rifkin partage cette remarque :

« (…) si les gens, écrit-il, sont très pauvres et incapables d'obtenir les éléments de base nécessaires à leur survie physique, ils sont malheureux ».[331] Mais aussi, « une fois atteint le niveau minimum de bien-être économique qui permet aux gens de survivre et de prospérer convenablement, les ajouts de richesse n'augmentent pas leur bonheur, mais les rendent moins heureux, plus exposés à la dépression, à l'angoisse ainsi qu'à d'autres maladies mentales et physiques et moins satisfaites de leur sort ».[332]

Lier donc le bonheur à l'addiction des richesses matérielles, c'est conduire l'humanité dans l'impasse avec des factures sociales, humaines et écologiques très coûteuses.

Il en résulte qu'il faut inscrire la consommation dans une dynamique éthique qui distingue l'utile, le nécessaire du superflu. Il s'agit, en quelque sorte d'établir une

---

[329] Henri DENIS, *op. cit.* p. 105
[330] ARISTOTE cité par Henri DENIS, *op. cit.* p. 45
[331]Jeremy RIFKIN, op. cit. p. 466-467
[332]*Id.*

distinction entre les vrais besoins et les faux besoins, c'est-à-dire les besoins trop artificiels. Les vrais besoins sont ceux dont l'insatisfaction constitue une menace pour l'individu et pour l'espèce humaine.

Le pôle éthique de la consommation qui doit présider à l'émergence de l'éco-économie doit donc reposer sur la distinction entre vrais et faux besoins, avec en toile de fond, l'encouragement à ne satisfaire que les vrais besoins, c'est-à-dire, les besoins vitaux. Il en résulte que le procès de consommation doit rompre avec la forte concurrence sociale qui se développe actuellement autour de l'achat et de la possession incontrôlée des biens matériels. Il faut nécessairement aller vers une nouvelle société de consommation en Afrique, qui mette en avant la satisfaction des besoins essentiels. Il s'agit donc de promouvoir la consommation responsable. Celle-ci suppose « la notion de mesure, et donc de vertu, car la vie vertueuse est une vie ordonnée et mesurée. »[333]

C'est donc cette alter consommation basée sur une novelle approche du bonheur, qui doit être au cœur de la dynamique de l'éco-économie en Afrique. Le peuple africain lui-même possède, dans ses mœurs économiques anté-coloniales, une certaine philosophie de la consommation qui peut l'aider à asseoir la consommation responsable qui fondera l'éco-économie. En effet, au-delà de l'idolâtrie de la nature qu'on peut lui reprocher, l'Afrique anté-coloniale a su inscrire sa consommation dans un cadre écologique. La cosmogonie africaine de laquelle cette logique de consommation découle considère l'être humain comme une partie de la nature avec laquelle celui-ci a des liens spirituels. Ainsi, agresser la nature, la détruire c'est détruire l'humanité elle-même.

De ce fait, l'Afrique anté-coloniale marque son adhésion à une exploitation mesurée et vertueuse de la

---

[333]ARISTOTE cité par Henri DENIS, *op. cit.*

nature extérieure. Pour préserver son osmose indispensable avec cette dernière, elle privilégie la satisfaction des besoins vitaux, d'où la production des valeurs d'usage y est restée prépondérante. La consommation effrénée de la nature doublée du gaspillage de ses ressources y est considérée comme un crime ontologique. Ce socle économique et écologique doit être revisité et mis à contribution dans les débats éthiques portant sur la formation d'une nouvelle conscience du bonheur en vue de la mise en œuvre de l'éco-économie en Afrique.

En conséquence, un cadre de discussion pour la formation d'une nouvelle conscience du bonheur doit être ouvert. Il s'agit des colloques, des panels et des forums dans les universités, au sein de la société civile, sur les chaînes de télévision publique, sur les réseaux sociaux pour redéfinir ce que c'est que la vie heureuse et les moyens pour la satisfaire.

Par ailleurs, s'il est clair qu'un cadre éthique doit présider à la mise en place de l'éco-économie, force est de noter que les résultats de cette éthique dialoguée doivent aboutir à la formation d'un cadre légal devant encadrer les royaumes de la production et de la consommation. Ce cadre légal devra être opposable à l'ensemble du continent, afin d'éviter la pratique du dumping écologique dans un contexte de courses aux investisseurs étrangers. C'est à cette condition que les discussions éthiques, qui doivent éclairer les procès de production et de consommation, ne se réduiront pas à une opération de charme ou à des débats stériles, mais seront capables d'impulser une nouvelle trajectoire à la techno-économie et la transformer en une véritable éco-économie en Afrique.

D'où l'établissement de l'éco-économie en Afrique doit reposer sur une alliance entre éthique dialoguée, recherche scientifique et principe de légalité. Cette alliance éthico-scientifique et juridique permettra de transformer en lois coercitives les résultats des discussions éthiques et des recherches scientifiques sur le mode d'attaque et de transformation de la nature extérieure ainsi que sur le mode de consommation des ressources naturelles. Ces lois contraindront donc tous les agents économiques à s'inscrire dans la dynamique d'une nouvelle exploitation de la techno-économie qui allie efficacité économique et préservation des liens organiques nécessaires entre la nature extérieure et l'homme.

Conclusion

Ayant entrepris de faire le « Bilan de la prophétie marxienne »[334], Karl Popper en vient à cette conclusion : « Marx a échoué en tant que prophète »[335].

Mais paradoxalement, il se méfie de ses propres conclusions. Ce curieux paradoxe est dû certainement à l'honnêteté intellectuelle qu'on lui reconnaît. Jugeant alors son propre ouvrage sur Marx, il écrit ceci :

«(...) je suis plus que jamais conscient de ses imperfections. Elles sont, pour une part, la conséquence de la dimension excessive que je lui ai donnée et, pour l'autre, de ma faillibilité personnelle. Ce n'est pas pour rien que je suis un faillibiliste. Je crois, par ailleurs, que cette approche a beaucoup à offrir à la philosophie sociale »[336].

Sa réfutation des thèses marxiennes sur la société capitaliste, notamment, sur le destin du capitalisme, repose, pour ainsi dire, sur le principe de faillibilité. Celui-ci nie la vérité absolue. Il considère que « rien ne peut être accepté qu'à titre provisoire, sans jamais oublier que, au mieux, nous ne possédons que les vérités partielles, et que la faute ou l'erreur de jugement est inévitable, tant dans le domaine des faits que dans celui des normes déjà adoptées ».[337]

J'ai souscris entièrement à ce faillibilisme. Je partage avec Popper la conviction que nos théories et l'objet de nos investigations scientifiques, notamment en philosophie sociale, doivent faire l'objet de réexamens continus. Le faillibilisme est alors possibilité continue de revenir sur les

---

[334] Karl Popper, op. cit., p.127
[335] *Id.*
[336] *Ibid.* p.206
[337] *Ibid.* p.203

conclusions déjà adoptées et sur l'objet de nos connaissance afin d'y voir plus clair.

À cet égard, c'est le faillibilisme qui m'a offert la possibilité de revenir à Karl Marx, en dépit du soupçon d'erreur qui pèse sur lui et que Popper lui-même a contribué à répandre. Pour moi, il fallait l'entendre à nouveau. Il fallait donc rappeler au tribunal de la critique ses travaux sur la société capitaliste et les réexaminer. Ce réexamen était nécessaire, surtout dans ce contexte de la mondialisation où l'humanité amorce un virage inédit de son histoire avec le capitalisme. Et c'est ce que j'ai fait, en ayant un double objectif : premièrement, voir si le soupçon d'erreur en son encontre était vérifié, et, secondairement, voir si on pouvait tirer de ses travaux un certain éclairage devant nous aider à comprendre notre époque et ce qui nous attend.

Ce réexamen m'a permis de comprendre que Marx n'avait pas été bien lu, aussi bien par ses détracteurs que par ceux qui se réclamaient de lui, notamment dans les milieux dits révolutionnaires. Par exemple, on nous a, pendant longtemps, servi un Marx absolument négativiste à l'égard du capitalisme. Pourtant, il a bien loué la haute mission historique de ce mode de production. On nous a aussi servi un Marx qui appellerait à la révolution permanente, alors qu'il ne croyait possible la révolution qu'avec la nécessaire mondialisation du capitalisme.

Ainsi, j'ai compris qu'avec la mondialisation, la société capitaliste joue, en fait, sa dernière carte historique. La formidable poussée d'accélération à laquelle le capital soumet de plus en plus les processus de production et de circulation des biens et des services, ainsi que le rythme général des forces productives et de la vie sociale dans le monde, se heurte aux limites de la terre. Pour le noter en d'autres termes, la terre ne saura autoriser plus longtemps, ni économiquement ni socialement, la reproduction indéfinie du capital, alors même que le besoin de lui trouver de nouveaux espaces de reproduction se fait davantage sentir.

En effet, comme l'a souligné Marx, la société capitaliste ne peut exister sans modifier régulièrement les conditions temporelles et spatiales de sa reproduction. Or si la modification desdites conditions temporelles de sa reproduction apparaît sans limites, en raison de la créativité continue de la techno-science, la modification des conditions spatiales au contraire, ne peut l'être. Elle se heurte nécessairement aux limites du globe qu'aucune techno-science ne peut reculer. De ce fait, avec la mondialisation, le capital court tout droit vers une crise absolue de l'espace qui va bloquer la réalisation de la plus-value. Le capital s'achemine, alors, vers un arrêt absolu de sa reproduction.

L'explosion de la société capitaliste se précise donc à l'horizon. Les capitalistes eux-mêmes sentent la menace venir. C'est pourquoi, ils financent, à coût de plusieurs milliers de milliards de dollars, les recherches spatiales dans l'espoir de dénicher de nouvelles planètes à coloniser. De la sorte à côté des centres de recherches spatiales classiques relevant des pouvoirs publics, on assiste au développement très accru des recherches spatiales privées notamment aux États-Unis, ces dernières années.

En attendant de trouver des planètes habitables, les capitalistes vont progressivement retirer leurs capitaux de l'économie réelle parce que la crise de l'espace ne leur permettra pas d'obtenir des retours conséquents sur investissements. Ces capitaux vont donc trouver refuge dans des systèmes d'économie artificielle faits de spéculations financières. Cela va induire l'effondrement inévitable de l'économie, avec en toile de fond la précarité et la marginalisation professionnelles et sociales irréversibles.

Une avalanche de crises sociales inédites se profile à l'horizon ; elle va bouleverser l'ordre économique et social existant. Et c'est l'avenir même de l'humanité qui se joue dans ce sombre horizon social. Cela invite à la réflexion pour repenser le monde dans une perspective post-capitaliste. La philosophie sociale doit donc reprendre du service. Elle doit ouvrir de vastes chantiers théoriques pour se *« préparer à l'événement, même si son échéance nous reste inconnue »338.* Ces vastes chantiers devront être menés autour d'un certain nombre de questions fondamentales. Il s'agit entre autres de savoir quel mode de production il faudra à l'humanité, au lendemain de l'explosion de la société capitaliste, pour se reconstruire et vivre durablement et dignement sur une terre limitée. Quel mode de gouvernance devra-t-on mettre en place pour organiser ce monde post-capitaliste? Ou encore quel droit de propriété doit-on inventer pour présider à cette recomposition du monde de sorte à garantir durablement l'équilibre social?

Cela noté, je me tourne à présent vers l'Afrique. Bien qu'il soit avéré qu'avec la mondialisation, nous entrons dans une période de gestation d'un monde post-capitaliste, rien ne m'autorise à lui prescrire aujourd'hui le refus du capitalisme. Le faire, ce serait me comporter en alchimiste de la philosophie sociale et faire preuve d'une grave malhonnêteté intellectuelle. Le post-capitalisme suppose qu'on a adopté et développé jusqu'à sa pleine maturité le capitalisme qui sécrètera lui-même les conditions de son dépassement. On ne saute pas les étapes dans l'histoire des modes de production. Les expériences de la Russie et de la Chine nous enseignent suffisamment. Ces deux pays ont, à

---

[338] Michaël Hardt et Antonio Negri, *Déclaration, ceci n'est pas un manifeste,* op. cit., p.126

pas forcés, construit une prétendue société post-capitaliste, dénommée la société communiste. Mais l'histoire des modes de production les a brutalement rappelés à l'ordre, et les voilà aujourd'hui devenus des acteurs essentiels du capitalisme contemporain.

Nous nous acheminons certes vers le déclin et la disparition du capitalisme, mais il n'est pas encore mort. D'un point de vue calendaire, son échéance nous reste inconnue. Il pourrait même connaître un surprenant réveil qui sera dû, non seulement, à l'exploitation des espaces du monde non encore suffisamment exploités dont l'Afrique elle-même, mais aussi, au fait de la reconstruction des territoires détruits par les guerres qui se produisent çà et là, comme ce fut le cas après la seconde guerre mondiale. La fin de la guerre au Moyen-Orient, pourrait de ce point de vue donner lieu à d'intenses activités de reconstruction. La guerre me paraît ainsi comme un des moyens que les capitalistes utilisent pour créer artificiellement des espaces de reproduction du capital. Le monde devra donc compter encore avec le capitalisme.

C'est pourquoi, l'Afrique, tout en ayant le regard vers le post-capitalisme, doit être capitaliste. Mais son capitalisme doit être postmoderne, c'est-à-dire doit allier efficacité économique et préservation de l'environnement. Ce qui exige qu'elle investisse massivement dans la recherche techno-scientifique pour promouvoir les technologies douces sur lesquelles devront reposer son économie et son développement. Cela n'indique pas qu'elle doit négliger le développement des humanités, donc des sciences humaines et des sciences sociales. Bien au contraire, celles-ci doivent être redynamisées et mises à forte contribution pour constamment questionner, recadrer ou repenser les choix des politiques de développement ainsi que nos orientations sociétales, notamment, notre mode de consommation et notre perception du bonheur.

Bibliographie

Antonio NEGRI, *Marx au-delà de Marx, cahier de travail sur les « Grundrisse »,* trad. Roxane Silberman, Paris, L'Harmattan, 1996.

Axel HONNETH, *La société du mépris. Vers une nouvelle théorie critique,* trad. O. Voirol, P. Rusch et A. Dupeyrix, Paris, La découverte, 2006.

Daniel BENSAÏD, *Marx l'intempestif,* Paris, Fayard, 1995.

David RICARDO, *Des principes de l'économie politique et de l'Impôt,* Paris, Champs/ Flammarion, 1977.

Emmanuel RENAULT, *Souffrances sociales. Philosophie, psychologie et politique,* Paris, La Découverte, 2OO8.

Fay (V), *Marxisme et socialisme, théorie et stratégie,* Paris L'Harmattan, 1999.

Franck FISCHBACH, *Comment le capital capture le temps*, in Relire Le Capital, PUF, 2009.

Gilles LIPVESTKY, *Crépuscule du devoir. L'éthique indolore des nouveaux temps démocratiques,* Paris, Gallimard, 1992.

Hebert MARCUSE, *Vers la libération : au-delà de l'homme unidimensionnel,* rad, JB grasset, Paris, Minuit, 1969.

Henri DENIS, *Histoire de la pensée économique,* P.U.F, 1993.

Henry NADEL, *Marx et le salariat*, Paris, L'Harmattan, 1994.

Ignace Zasseli BIAKA, *La philosophie de la libération de Marcuse et la problématique du développement techno-économique des États africains*, in Revues, CAMES, Série B, vol. 004, 2002.

Jacques ELLUL, *Le système technicien,* Paris, Cullmann Levy, 1977.

Jeremy RIFKIN, *Une nouvelle conscience pour un monde en crise*, trad. de Françoise et Paul Chemla, NOUVEAUX HORIZONS, Paris, 2011.

Jomo KENYATTA, *Discours lors de la commémoration de l'indépendance du Kenya, 12 décembre 1964.*

Julius NYERERE, Socialisme, Démocratie et Unité africaine, trad. De Jean Mfoulou, Paris, Présence Africaine, 1970.

Jürgen HABERMAS, *Après l'État-nation*, trad. de Rainer Rochlitz, Paris, Fayard, 2000.

Karl MARX, *Le Capital*, in Karl MARX, Œuvres I économie I, trad. Rubel (M), Paris, Gallimard, 1963.

Karl MARX, *Grundrisse,* trad. *de R.* Dangeville, *Paris,* Anthropos, *1967.*

Karl MARX, *Manuscrits de 1844*, trad. De J. Pierre Gougeon, Paris, GF Flammarion, 1996.

Karl MARX, *Contribution à la critique de l'économie politique,* Œuvres I économie I, trad. Rubel (M), Paris, Gallimard, 1963.

Karl MARX, *Critique des Programmes de Gotha et d'Erfurt,* Œuvres I économie I, trad. Rubel (M), Paris, Gallimard, 1963.

Karl MARX, *Misère de la philosophie,* in Karl MARX, Œuvres I Economie I, trad.de Rubel (M), Paris, Gallimard, 1963.

Karl MARX, *Salaire, prix et profit,*, Œuvres I économie I, trad. Rubel (M), Paris, Gallimard, 1963.

Karl MARX, *Théorie sur la plus-value,* ,Œuvres I économie I, trad. Rubel (M), Paris, Gallimard, 1963.

Karl MARX, *Travail salarié et capital*, in Karl MARX, Œuvres I économie I, trad. Rubel (M), Paris, Gallimard, 1963.

Karl MARX, *Discours sur le libre échange,* in Karl MARX, Œuvres I économie I, trad. Rubel (M), Paris, Gallimard, 1963.

Karl MARX, *Lettre à Cluss,* 15 septembre 1855, in Karl MARX, Œuvres IV politique I, Paris, Gallimard, 1994.

Karl MARX, *Résolution du premier congrès de l'AIT à Genève, septembre 1866*, in Karl MARX, Œuvres I économie I, trad. Rubel (M), Paris, Gallimard, 1963.

Karl MARX et Friedrich ENGELS, *Le manifeste du parti communiste*, in Karl MARX, Œuvres I économie I, trad. Rubel (M), Paris, Gallimard, 1963.

Karl MARX et Friedrich ENGELS, *L'Idéologie allemande*, trad. de Cartelle (R) et de Badia (G), Paris, sociales 1968.

Karl POPPER, *La société ouverte et ses ennemis, Tome 2, Hegel et Marx.*

Kostas AXELOS, *Marx, penseur de la technique,* Paris, Minuit, 1961.

Kwame NKRUMAH, *La lutte des classes en Afrique*, trad. de Marie-Aïda Bah-Diop, Paris, Présence Africaine, 1972.

Kwame NKRUMAH, *Consciencisme*, trad. de L. Jospin, Paris, Payot, 1964.

Louis ALTHUSSER et Etienne BALIBAR, Lire le Capital II, Paris, Maspero, 1980.

Louis ALTHUSSER et Etienne BALIBAR, Lire le Capital II, Paris, Maspero, 1980.

Mahamadé SAVADOGO, « Critique sociale et engagement politique », in *Cahier philosophique d'Afrique,* Année 2013 N° 0011, pp. 10-11.

Michaël HARDT et Antonio NEGRI, *Empire*, traduction de Dénis-Arnaud Canal, Paris, 10/18, 2000.

Michaël HARDT et Antonio NEGRI, *Déclaration, ceci n'est pas un manifeste*, trad. De Nicolas Guillot, Paris, Ed RAISON D'AGIR, 2013.

Modibo KEITA, *Message au peuple du Mali à l'occasion du Nouvel An 1961.*

MONCHRESTIEN, *Traité de l'économie politique,* Paris, nouvelle éd., 1889.

Samir AMIN, *La déconnexion pour sortir du système mondial,* Paris, La découverte, 1993.

Vladimir LENINE, *L'impérialisme, stade suprême du capitalisme,* Paris, éd. Progrès, 1969.

TABLE DES MATIÈRES

Côte d'Ivoire
aux éditions L'Harmattan

Dernières parutions

LAURENT GBAGBO : LA FOI EN LA DÉMOCRATIE
L'élection présidentielle de l'an 2000
Dano Djedje Sébastien
Dans une Afrique encore en proie aux réflexes du parti unique et où les anciens colonisateurs continuent de nier la souveraineté des États, Laurent Gbagbo cultive une foi inébranlable en la démocratie pour conjurer les aventures hasardeuses des coups d'État et des conflits armés. En 2000, il est élu président de la République de Côte d'Ivoire grâce à une mobilisation exceptionnelle du peuple ivoirien. Ce livre est le témoignage vivant d'un acteur majeur de cet épisode de l'accession de Laurent Gbagbo à la magistrature suprême.
(12.50 euros, 118 p.)
ISBN : 978-2-343-06249-5, ISBN EBOOK : 978-2-336-37918-0

PENSER LA RÉCONCILIATION POUR PANSER LA CÔTE D'IVOIRE
Kouakou Jean-Marie
Les contributions réunies dans cet ouvrage s'inscrivent dans le contexte de crises que traverse la Côte d'Ivoire depuis deux décennies : crise sociétale, crise institutionnelle, crise armée, crise politique. Le projet commun a été de réfléchir le problème à partir de ses fondements, de ce qui le caractérise et le nourrit afin de pouvoir proposer des solutions comme à l'effet d'un pansement.
(Coll. Études africaines, 24.00 euros, 232 p.)
ISBN : 978-2-343-06088-0, ISBN EBOOK : 978-2-336-38128-2

DU JOURNALISME EN CÔTE D'IVOIRE
Barbey Francis, Moussa Zio - Préface de Marie-Christine Lipani
Ce livre n'est pas une simple analyse du journalisme (et de ses faiblesses) en Côte d'Ivoire. Il interroge également le rôle des journalistes dans la mise en place d'un «vivre ensemble», pensé tel un bien commun. Les auteurs évoquent un «journalisme citoyen», permettant aux individus de devenir des citoyens à part entière, des personnes sociales aptes à décider de leur choix de vie, de leurs orientations sociales et politiques, et de sortir du conformisme ou de toute tentative de manipulation.
(Coll. Repenser les médias, 15.50 euros, 152 p.)
ISBN : 978-2-343-06347-8, ISBN EBOOK : 978-2-336-38178-7

UN CONCEPT DE SÉNAT IVOIRIEN
Kobou Dominique
Les crises politiques et militaires en Côte d'Ivoire proviennent en partie de la faiblesse de ses institutions nationales, incapables de maintenir la stabilité. De l'Indépendance jusqu'au multipartisme en 1990, elles ont été conçues dans une logique de parti unique centré autour du président Houphouët-Boigny. Elles doivent désormais être repensées pour permettre à toutes les tendances politiques majeures de cohabiter, notamment avec un Sénat élu à la proportionnelle au Parlement et des élections de mi-mandat.
(25.00 euros, 256 p.)
ISBN : 978-2-343-03064-7, ISBN EBOOK : 978-2-336-37429-1

LA DÉCENTRALISATION À L'ÉPREUVE DE LA CRISE ÉCONOMIQUE EN CÔTE D'IVOIRE
Mel Trotsky
Préface du Professeur Atta Koffi
C'est l'année 1980 qui marque le véritable départ de la politique de décentralisation en Côte d'Ivoire. Mais dans un contexte de crise économique comment se comporte-t-elle ? Il s'agit ici d'identifier les besoins et attentes des populations, d'évaluer la réponse de la décentralisation à la demande sociale exprimée et de mesurer les effets de la crise économique sur les investissements des collectivités territoriales et sur le cadre de vie des populations.
(Coll. Administration et Aménagement du Territoire, 28.00 euros, 266 p.)
ISBN : 978-2-343-04842-0, ISBN EBOOK : 978-2-336-37548-9

L'ASSURANCE MALADIE UNIVERSELLE (AMU) EN CÔTE D'IVOIRE
Enjeux, pertinence et stratégie de mise en œuvre
Ohouochi Clotilde
Véritable innovation en Afrique subsaharienne, l'Assurance maladie universelle devient l'un des grands chantiers de la politique sociale du gouvernement ivoirien. L'urgence en la matière est réelle et incompressible. L'État doit créer des conditions idoines pour se substituer aux mécanismes traditionnels d'aide et de soutien, en inventant une politique de solidarité nationale ambitieuse, moderne et rationnelle. Cet essai participe de la volonté affirmée de montrer que les pays africains, et principalement la Côte d'Ivoire, ont la capacité de faire croître harmonieusement des mécanismes d'AMU malgré leur relative pauvreté économique.
(Coll. IREA (Institut de recherche et d'études africaines), 19.00 euros, 182 p.)
ISBN : 978-2-343-06022-4, ISBN EBOOK : 978-2-336-37391-1

RESTAURATION DES FONDEMENTS ANCESTRAUX FACE AUX DÉFIS DE LA VIE
Kouame Augustin
Le révérend Augustin Kouame est le fondateur et pasteur principal de la mission ICN (Instrument de Christ pour les Nations) en Côte d'Ivoire. Pasteur et enseignant, il a acquis depuis près de quinze ans de nombreuses expériences pratiques qui lui valent une certaine notoriété dans le domaine du combat spirituel et de la délivrance. Il est promoteur de la retraite spirituelle dénommée

«Transformation», pour la restauration des vies en Christ. Il est fondateur de l'École biblique du royaume.
(Coll. Croire et savoir en Afrique, 12.50 euros, 110 p.)
ISBN : 978-2-343-05564-0, ISBN EBOOK : 978-2-336-37381-2

QUELLE PLACE POUR LES «FOUS GUÉRIS» ?
Gbagbo Michel
Comment un ancien malade «mental», sorti de l'hôpital psychiatrique, peut-il retrouver sa place au travail, au sein de la famille, ou parmi des amis du quartier ? Le «fou-guéri» effraie. Dans l'agglomération abidjanaise, les conceptions traditionnelles de la maladie mentale ne sont pas les seules variables impliquées dans cette façon de percevoir le «fou-guéri».
(Coll. États, pouvoirs et sociétés, 23.00 euros, 234 p.)
ISBN : 978-2-343-05717-0, ISBN EBOOK : 978-2-336-37234-1

LE PROCÈS DE LAURENT GBAGBO
Côte d'Ivoire, l'Afrique face à son destin
Fouda Essomba Vincent Sosthène
Selon l'auteur, ce livre est la somme des idées de Laurent Gbagbo telles qu'il aurait souhaité les adresser aux différents chefs d'État africains et des pays de l'Amérique du Sud. Il s'agit ici de rendre public le travail qu'avait confié Laurent Gbagbo à l'auteur au cœur de la crise qui a secoué la Côte d'Ivoire dès le lendemain du second tour de la présidentielle de 2010.
(12.00 euros, 90 p.)
ISBN : 978-2-343-05128-4, ISBN EBOOK : 978-2-336-36891-7

PAR LA FORCE, ALASSANE OUATTARA PRÉSIDENT DE LA CÔTE D'IVOIRE
La démocratie à l'épreuve
Money Elie Z.
Cet ouvrage relate la prise de pouvoir d'Alassane Ouattara, actuel président de la Côte d'Ivoire, sur le régime de Laurent Gbagbo et les évènements liés à ce changement. Pour l'auteur, ce livre est une thérapie contre l'angoisse née de cette guerre : il y décrit les évènements quotidiens de ce nouveau régime caractérisé par l'ethnisme, la terreur, le pillage ou encore l'acharnement de la justice contre le camp des partisans de l'ancien président, tout en interrogeant le sort du peuple Ivoirien.
(29.00 euros, 288 p.)
ISBN : 978-2-343-04974-8, ISBN EBOOK : 978-2-336-36995-2

UN AUTRE HOUPHOUËT
Chroniques de son médecin
Bertrand Edmond
Dans ce livre, le professeur Edmond Bertrand, qui a rencontré de très nombreux malades dont le président Félix Houphouët-Boigny, rapporte des faits observés et des paroles entendues au cours d'échanges le plus souvent impromptus. Extérieur au système social et politique local, il fait apparaître des aspects peu connus de la personnalité humaine du président. Témoin naïf diront certains mais témoin

sincère qui révèle «un autre Houphouët», caché le plus souvent derrière l'homme politique.
(13.50 euros, 128 p.)
ISBN : 978-2-343-05120-8, ISBN EBOOK : 978-2-336-36946-4

LES AKAN, PEUPLES ET CIVILISATIONS
Allou Kouamé René
Les populations des côtes de l'or et quaqua ainsi que de leurs arrière-pays, ont été appelées Akan. C'est à juste titre, car elles partagent des us et coutumes semblables, des institutions politiques et sociales identiques, avec parfois des particularités locales. Elles partagent une culture commune qui tire ses racines dans un héritage ancestral partagé.
(Coll. Harmattan Côte-d'Ivoire, 60.00 euros, 910 p.)
ISBN : 978-2-343-04987-8, ISBN EBOOK : 978-2-336-36899-3

TRÉSOR PUBLIC ET POLITIQUE FINANCIÈRE EN CÔTE D'IVOIRE
Des origines à nos jours
N'Gouan Patrick K. - Préface de Joseph Y. Yao
Les différentes réformes budgétaires et comptables, entreprises depuis la fin des années 1990, visent une meilleure performance de la gouvernance financière. Le Trésor public, étant au cœur de la politique économique de l'État, devrait poursuivre ses réformes internes, en termes d'innovation, de répartition et de coordination des attributions et tâches, afin de pouvoir répondre aux différents enjeux et défis de performance exigés par les perspectives financières internationales, sous-régionales et nationales.
(Coll. Harmattan Côte-d'Ivoire, 37.50 euros, 366 p.)
ISBN : 978-2-343-05594-7, ISBN EBOOK : 978-2-336-36996-9

BUDGET (LE) DE L'ÉTAT IVOIRIEN
Financer le développement
Kouyaté Mohamed D.
Préface de Daniel Kablan Duncan
Cet ouvrage dédié au budget de l'État participe de la mise en oeuvre de la stratégie de vulgarisation d'un concept largement sanctuarisé. Il veut s'essayer à la cristallisation des enseignements relatifs aux finances publiques de l'État de Côte d'Ivoire vue sous l'angle du budget. Ce livre est une invite à explorer davantage les différentes composantes de ce redoutable instrument de politique économique et sociale qu'est le budget de l'État.
(Coll. Harmattan Côte-d'Ivoire, 32.00 euros, 314 p.)
ISBN : 978-2-343-03852-0, ISBN EBOOK : 978-2-336-36495-7

Structures éditoriales du groupe L'Harmattan

L'Harmattan Italie
Via degli Artisti, 15
10124 Torino
harmattan.italia@gmail.com

L'Harmattan Hongrie
Kossuth l. u. 14-16.
1053 Budapest
harmattan@harmattan.hu

L'Harmattan Sénégal
10 VDN en face Mermoz
BP 45034 Dakar-Fann
senharmattan@gmail.com

L'Harmattan Mali
Sirakoro-Meguetana V31
Bamako
syllaka@yahoo.fr

L'Harmattan Cameroun
TSINGA/FECAFOOT
BP 11486 Yaoundé
inkoukam@gmail.com

L'Harmattan Togo
Djidjole – Lomé
Maison Amela
face EPP BATOME
ddamela@aol.com

L'Harmattan Burkina Faso
Achille Somé – tengnule@hotmail.fr

L'Harmattan Côte d'Ivoire
Résidence Karl – Cité des Arts
Abidjan-Cocody
03 BP 1588 Abidjan
espace_harmattan.ci@hotmail.fr

L'Harmattan Guinée
Almamya, rue KA 028 OKB Agency
BP 3470 Conakry
harmattanguinee@yahoo.fr

L'Harmattan Algérie
22, rue Moulay-Mohamed
31000 Oran
info2@harmattan-algerie.com

L'Harmattan RDC
185, avenue Nyangwe
Commune de Lingwala – Kinshasa
matangilamusadila@yahoo.fr

L'Harmattan Maroc
5, rue Ferrane-Kouicha, Talaâ-Elkbira
Chrableyine, Fès-Médine
30000 Fès
harmattan.maroc@gmail.com

L'Harmattan Congo
67, boulevard Denis-Sassou-N'Guesso
BP 2874 Brazzaville
harmattan.congo@yahoo.fr

Nos librairies en France

Librairie internationale
16, rue des Écoles – 75005 Paris
librairie.internationale@harmattan.fr
01 40 46 79 11
www.librairieharmattan.com

Lib. sciences humaines & histoire
21, rue des Écoles – 75005 Paris
librairie.sh@harmattan.fr
01 46 34 13 71
www.librairieharmattansh.com

Librairie l'Espace Harmattan
21 bis, rue des Écoles – 75005 Paris
librairie.espace@harmattan.fr
01 43 29 49 42

Lib. Méditerranée & Moyen-Orient
7, rue des Carmes – 75005 Paris
librairie.mediterranee@harmattan.fr
01 43 29 71 15

Librairie Le Lucernaire
53, rue Notre-Dame-des-Champs – 75006 Paris
librairie@lucernaire.fr
01 42 22 67 13